EDICIONES ANTÍGONA

Teatro

EDICIONES ANTÍGONA

© Lucía Miranda, 2023
© Prólogo, Tony Pasero, 2023
© Para todos los países en lengua española:
Ediciones Antígona, S. L.
C/ Prim 15, local. 28004 (Madrid)
Tel: 91.119.17.32 / 640.631.054
info@edicionesantigona.com
www.edicionesantigona.com

Primera edición, 2023

Directora de la colección: Conchita Piña
Diseño de cubiertas: IJdesign sobre una fotografía de Javier Burgos
Director editorial: Isaac Juncos Cianca

ISBN: 978-84-10060-03-6
Depósito legal: M-3258-2024

Impreso en España / Printed in Spain

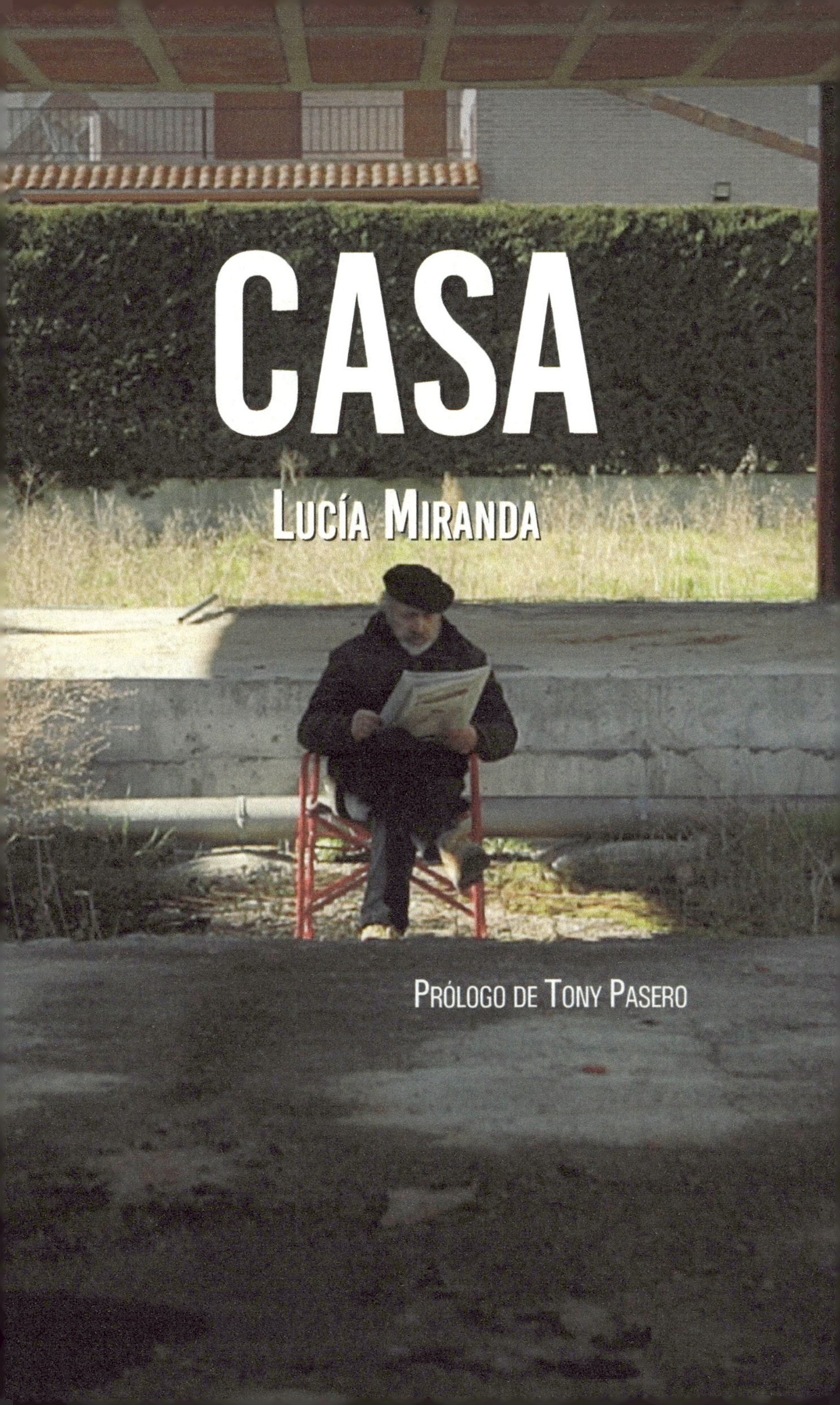
CASA
Lucía Miranda
Prólogo de Tony Pasero

ÍNDICE

PRÓLOGO

En *Queer Phenomenology: Orientations, Objects, Others*, la autora y crítica Sara Ahmed afirma que alcanzamos a apreciar el significado de un hogar y el espacio que ocupa en nuestras vidas en el preciso momento en que nos vemos obligados a abandonarlo. Esta partida del hogar, bien sea por cuestiones de índole diversa que abarcan la pluralidad de experiencias que comprenden (entre muchas, muchas otras posibilidades) la mudanza, el desahucio, los desastres naturales y los efectos del cambio climático, las guerras, la destrucción material de la estructura física, la persecución, los giros en las situaciones socioeconómicas y laborales, el exilio, la inmigración o el viaje, denota la dislocación psíquica y corporal de aquel lugar que llegó a marcar, por breve y efímero que fuese, nuestra vida y ejercer su influencia sobre la construcción de nuestra identidad y el concepto que tengamos de ella. En ese breve espacio parentético entendido como la elipsis que encierra nuestra particular existencia entre la partida y la llegada, el haber-ido pero el aún no-haber-llegado, participamos de manera consciente o inconsciente en una concepción temporal donde el presente vivencial se encuentra imbuido por los recuerdos del pasado y donde asoma una proyección de cara al futuro. Esta noción también remite a la figura del dios Jano en cuya faz figuraba la dualidad de la existencia marcada en ambos lados de su cara, uno que contemplaba lo que ya había sido mientras que el otro fijaba la vista hacia el porvenir. Cobra relevancia en este contexto el hecho de que Jano se asociase frecuentemente con una representación simbólica ejemplificada por la estructura de la puerta cuyo marco servía de umbral y transcurso de las consecutivas etapas de la vida.

Al mismo tiempo, es también dentro de la corriente fenomenológica donde hallamos un valioso acercamiento desde el cual apreciar cómo la construcción de la identidad y la subjetividad en lo que concierne al afecto y la percepción del ser se ven reforzadas por los espacios que delimitan lo que denominamos como nuestro 'hogar'. Según cuenta Gastón Bachelard en *La poética del espacio*, el ámbito interior del hogar comprende «nuestro rincón del mundo. Es —se ha dicho con frecuencia— nuestro primer universo». Para el filósofo francés, la proyección del ser que habita el hogar supone a su vez la interiorización de la experiencia vivencial. De este momento en adelante, vivimos «la casa en su realidad y en su virtualidad, con el pensamiento y los sueños». La seguridad y el refugio que proporciona el hogar en este momento desembocan en espacio de ensueño a la par que morada para los sueños. No solo, como destaca Bachelard, nos brinda ese lugar de paz desde el cual soñar despierto sobre nuestros deseos y aspiraciones en cuanto a lo que queremos para nuestra vida, sino que también constituye el foco de cómo queremos que sea nuestro hogar de ensueño. He aquí que, por ejemplo, Emily Klein, Jennifer-Scott Mobley y Jill Stevenson hayan titulado su volumen cuyo enfoque central consiste en el estudio de la relación intrínseca entre el teatro y el hogar *Performing Dream Homes*, hecho destacado además en el vocablo en inglés cuya aplicación histórica para referirse al teatro ha sido el de «play*house*».

¿Pero qué pasa cuando estos sueños se tornan en pesadillas? ¿Qué ocurre cuando el espacio que debería constituir el foco y nexo de protección se vuelve lugar amenazado y de peligro? Cierto es que las casas y los hogares son en gran medida espacios sujetos a circunstancias cambiantes y fuera de nuestro control, contribuyendo de este modo a la inestabilidad espacial y, por tanto, a la subsiguiente inestabilidad identitaria y subjetiva que podemos experimentar de manera profunda cuando sentimos que los cimientos empiezan a desmoronarse. En una de las escenas más conmovedoras de *Casa*, «El derecho a la vivienda», Josephine —psicóloga, trabajadora social y autoproclamada afectada por la hipoteca— recalca que «cuando tienes un problema de vivienda toda la identidad de tu persona se viene abajo […] cuando no sabes qué va a pasar y se te desestructura todo, se te desestructura la vida y tu propia identidad». Una casa no solo nos permite echar raíces, sino que implica el arraigue social desde el cual emanan nuestros derechos cívicos. «Un hogar es algo especial», explica Sergio Fanjul en *La España invisible: Sobre la precariedad, la pobreza y la desigualdad extrema en nuestro país*, «Uno puede no tener coche, no tener estudios, no tener ropa de marca, incluso puede tener poco dinero o alguna enfermedad, pero no tener casa cambia la existencia de manera radical». En los discursos políticos y la prensa de los últimos años venimos asistiendo a la evolución semiótica que busca dar nombre y presencia a estas experiencias de precariedad y vulnerabilidad con la intención de aumentar la visibilidad y hallar soluciones adecuadas y longevas. En los Estados Unidos, por ejemplo, donde el creciente sinhogarismo en las grandes urbes ha puesto en jaque las plataformas políticas se ha venido popularizando el término de '*houseless*' para abarcar lo que ha sido en efecto un fracaso sistémico y revindicar el derecho a la vivienda frente a la especulación, la marginalización, la desigualdad, la corrupción y el clasismo que contribuyen a la fractura social y la segregación urbana. A su vez, la globalización ha expuesto de manera acuciante el hecho de que ningún país se puede ya mantener al margen y sin el privilegio de acercarse con una mirada crítica cómo se aborda la vivienda en nuestro mundo contemporáneo.

Según el artículo 47 de la Constitución, «Todos los españoles tienen derecho a disfrutar de una vivienda digna y adecuada. Los poderes públicos promoverán las condiciones necesarias y establecerán las normas pertinentes para hacer efectivo este derecho, regulando la utilización del suelo de acuerdo con el interés general para impedir la especulación. La comunidad participará en las plusvalías que genere la acción urbanística de los entes públicos». No obstante, este derecho en apariencia fundamental y básico, sin margen de error ni conjura, ha sido sujeto a la corrupción, la manipulación y la especulación inmobiliaria de las últimas décadas desde que se incentivó la hipoteca como caudal de inversión y el ladrillo se convirtió en símbolo de la prosperidad financiera nacional. El estallido de la burbuja y consiguiente colapso financiero dejaron en evidencia la desigualdad imperante y la discrepancia entre el desarrollo teórico constitucional y su aplicación actual dados los efectos cosechados por la recalificación de terrenos, la gentrificación y urbanización descontroladas y la carencia de políticas de vivienda satisfactorias. La Ley del Suelo tuvo tal efecto que para Lucia Etxebarria constituyó «el inflador de aire que iba engrosando la burbuja». La funcionalidad de la casa como espacio de refugio y protección que había descrito Bachelard en su momento se corrompió en función de su valor financiero y mercantilista y, como señala Fanjul, «no se ha dedicado tanto tiempo a resolver el problema habitacional como a fomentar el desarrollo económico, generando espirales de especulación». El estallido de la burbuja y la crisis no solo dieron lugar a la violencia física y corporal ejemplificadas en los desahucios forzados, los lanzamientos y los suicidios, sino que también dejaron tras de sí unas secuelas de violencia sistémica asentadas en el tejido social y que siguen padeciendo las poblaciones y los grupos demográficos de mayor vulnerabilidad a día de hoy.

Escenificar la centralidad del hogar y el papel que ocupa en nuestras vidas a través de una reflexión colectiva que reivindica el derecho a la vivienda y visibiliza la precariedad constituye el punto de partida para la obra *Casa* de Lucía Miranda. Una labor artística de años marcados por el paréntesis que supuso en el transcurso de la vida la pandemia del COVID-19 cuyo impacto a nivel personal, cultural, político y social se hace patente en las páginas del texto y en las vidas de los personajes. Desde su estreno en diciembre de 2021 en el Teatre Lliure de Barcelona, Miranda y un extraordinario elenco compuesto por Pilar Bergés, César Sánchez, Macarena Sanz, Efraín Rodríguez y Ángel Perabá han realizado sus propias mudanzas dramáticas con el propósito de dar vida y voz a los personajes de *Casa* en numerosos hogares escénicos que incluyen el LAVA en Valladolid, Teatro de la Abadía en Madrid, Théâtre Dijon Bourgogne en Francia, Teatro Principal Castellón, Teatro Jaime Salóm en Parla, Teatro Bergidum en Ponferrada, Teatro Gayarre en Pamplona, Teatro Francisco Rabal en Pinto, tanto el Teatro Circo como el Teatro Villa de Molina en Murcia, Teatro José María Rodero en Torrejón de Ardoz, la Casa de las Artes en Laguna de Duero, Teatro Jovellanos en Gijón… Un sinfín de recorridos artísticos que evidencian una acogida y recepción positiva y sentida por el público y la crítica por igual. Basta con una lectura del texto para apreciar la medida en la que *Casa* se presta a la proyección identitaria y empática del público, ya que, ante tal reivindicación de las experiencias vivenciales, la verdad al descubierto, las confesiones abiertas y la crudeza de los testimonios que reflejan momentos y emociones compartidas, ¿cómo no conmoverse, sentir la ternura a flor de piel y verse reflejados en ellos?

Desarrollada en clave de teatro documental y verbatim con contenido textual basado en los testimonios y las grabaciones de cuarenta entrevistas realizadas por Miranda en torno a la vivienda, *Casa* ahonda en lo más profundo de la experiencia humana al mismo tiempo que apunta a la diversidad y dialéctica de opiniones que para el filósofo alemán Georg Wilhelm Friedrich Hegel constituía el «auténtico drama». Sobre el proceso de creación, cuenta Miranda que «cogí mi grabadora y pregunté a personas muy diversas qué es la casa para ellas. Escuché de desahucios, gentrificación, y especulación inmobiliaria, de casas de acogida, casas tuteladas, de la crisis del 2008, del COVID, de la crisis de los refugiados, de la migración, de los «menas», de las leyes de urbanismo, de los chanchullos y de las hipotecas». El texto reproduce casi en su milimétrica totalidad la transcripción de los testimonios grabados y de las entrevistas, procurando mantener las «pausas, sonidos, silencios o palabras gramaticalmente mal escritas […] ya que atiende a una manera real de hablar de los personajes y es parte de su identidad». Merece destacar que el teatro documental no solo refleja en el escenario las circunstancias sociales, sino que exige también una mirada crítica y que ponga en tela de juicio las prácticas políticas y los discursos ideológicos para, de este modo, contribuir al desarrollo de una concienciación cívica y de activismo. Arno Gimber señala la propuesta del teatro documental en la construcción de «realidades deseadas, paralelas. Donde hay un vacío en las instituciones y donde no hay justicia social, toma la iniciativa y propone procesos o simplemente aclaraciones que la sociedad echa en falta y reclama». Ante la subida del precio del alquiler en desigual manera a la de los salarios, la carencia de viviendas sociales y de protección oficial capaz de acoger a las miles de familias que las necesitan, la proliferación de pisos turísticos, la inversión extranjera, la desmesurada gentrificación de zonas urbanas y barrios que amenaza a las familias y vecindad histórica y les somete a un sinvivir de inseguridad y las hipotecas subyugadas a la inflación y tasas de interés, *Casa* revindica la urgente necesidad de una política de vivienda que se ajuste en su medida adecuada a la realidad social a la vez que refuerza una memoria colectiva derivada del trauma ocasionado por la crisis de 2008.

Los cinco actores son los encargados de interpretar a más de una veintena de personajes de distintas edades, razas, etnias e idiomas en lo que viene siendo una constelación colectiva que pone en evidencia el hecho de que la crisis de la vivienda tiene un alcance profundo y puede afectarnos a todos por igual. *Casa* hace un llamamiento desde las tablas del escenario a la solidaridad y a la urgente necesidad de valores comunitarios que aboguen por la defensa de uno de los derechos más básicos pero fundamentales que es el de poder vivir en paz y seguridad. Uno de los rasgos predominantes del panorama escénico contemporáneo actual es la representación fiel de los espacios multiculturales que habitamos en nuestro día a día. Esto comprende lo que Marvin Carlson define como el carácter heteroglósico del teatro en su medida de reflejo de la realidad circundante, hecho que sirve a su vez como estrategia de subversión frente a la hegemonía cultural, ideológica y lingüística. Al mismo tiempo, el factor verbatim de la obra necesariamente implica el componente ventrílocuo que conlleva replicar los elementos discursivos de las personas entrevistadas. Popularizada en gran medida por Derek Paget en la década de los 80, la modalidad del teatro verbatim aspiraba a una democratización del fenómeno teatral a través de la colaboración colectiva con miembros de la comunidad en cuanto a la creación del contenido de la obra. El compromiso ético que encierra la representación directa de testimonios externos acentúa la tensión que late entre la representación frente a la apropiación de experiencias, siendo esto un reto para directores y actores por igual. Quizás una de las claves para la realización de una ética responsable la encontramos en las palabras de Efraín Rodríguez, quien en una entrevista con Analía

Iglesias para *El País* describió el proceso de ensayo y acercamiento a los personajes de la siguiente manera: «Hay un ejercicio de desacademización, ya que requiere de desaprender muchas de las cosas que traemos de las escuelas de arte dramático». La cita de Rodríguez remite a una de las ideas centrales propias de la influyente corriente teatral desarrollada por el director y teórico polaco Jerzy Grotowski en *Hacia un teatro pobre*, según la cual el actor tenía que someterse a un importante entrenamiento y proceso de desvestirse de las técnicas aprendidas —y, junto a ello, su propio ego— para alcanzar la «vía negativa» que comprendía la exposición de la verdad más pura y desnuda sobre el escenario sin la distracción ni los harapos del artificio.

Junto a la pobreza teatral —entendida en el sentido grotowskiano dentro del cual se emplea lo que se considera como lo estrictamente esencial para la obra y para alcanzar la comunión espectatorial— Miranda hace uso efectivo y provechoso de las técnicas metateatrales de la obra-en-la obra, la alternancia de papeles y roles, la ejecución de las ceremonias y los rituales, la intertextualidad y la autorreferencialidad. Tal como recoge Richard Hornby en su libro *Drama, Metadrama, and Perception* dichos preceptos metateatrales constituyen elementos imprescindibles para que el público se acerque al contenido de la obra en su medida de barómetro social y político. A su vez, podemos apreciar cómo Miranda invita a los espectadores a aproximarse a *Casa* en clave brechtiano a través de la reflexión crítica y activa del contenido político e ideológico que encierra la obra. Lo que Bertolt Brecht defendía como el *Verfremdungseffekt* de distanciamiento se consigue aquí mediante la intencionada ruptura de la cuarta pared donde los personajes hablan directamente al público, el intercambio de papeles y personajes de forma constante a lo largo de la función, el uso de las canciones y la música dado su marcado contenido político —podemos destacar por ejemplo la importancia de «I Want to Break Free» de Queen en la escena en la que los personajes reflexionan sobre el significado de la palabra 'libertad' y su valor polisémico según se vive en una democracia o una dictadura— y el hecho de que los actores permanecen en el escenario a lo largo de la obra, realizando los cambios escenográficos y de vestuario a plena vista de los espectadores. Es más, Miranda refuerza la democratización y creación colaborativa de la obra al hacer de nosotros como espectadores testigos y partícipes directos de las historias escenificadas y la temática planteada ante nuestros ojos. La comunión espectatorial alcanza su dimensión completa al incluir en la escena «El derecho a la vivienda» las propias opiniones de los espectadores en torno a ello y recogidas antes de iniciar la función. De este modo participamos tanto de los testimonios entrevistados para la construcción textual del guion como de lo que hayan compartido quienes estén sentados a ambos lados de nuestra butaca. De manera similar a lo que se lleva a cabo en las obras de teatro foro desarrolladas por Miranda y su compañía de arte-educación Cross Border Project, las intervenciones del público junto con los actores contribuyen a la producción de una dinámica teatral y creación colectiva elaborada en «primera personal plural» que fomenta un diálogo capaz de repercutir más allá del espacio escénico y radicar en aquellos ámbitos externos desde los cuales se potencian los discursos activistas y de solidaridad cívica.

La función didáctica en cuanto a la política bancaria y lo que ocurre en el momento de impago de la hipoteca se encuentra, literalmente, en manos de Rodríguez y Perabá, quienes hacen uso de dos *muppets* en unas escenas musicales de tinte paródico que aluden a su vez a la voluntad pedagógica y de entretenimiento de programas de aprendizaje similares como sería en este caso el de *Barrio Sésamo*. Sin embargo, sus interacciones con las personajes de Josephine y Bea (representante en la obra de la Plataforma de Afectados por la Hipoteca) y el contenido de sus discursos en torno a la mora, la dación en pago y las hipotecas remiten al musical de *Avenue Q*. Escrita por Jeff Whitty y estrenada en Broadway en 2003, *Avenue Q* marcó un hito en el teatro musical contemporáneo al estar protagonizado por *muppets* manipulados por actores a plena vista del público. El contenido de la obra, que toma lugar en Nueva York, gira alrededor del protagonista Princeton y su deseo de vivir en la prestigiosa Avenue A. No obstante, dada la gentrificación y revalorización de la vivienda, los altísimos precios del alquiler y sus bajos ingresos, tiene que conformarse con vivir en Avenue Q. A lo largo de la obra, Princeton aprenderá los valores comunitarios de la solidaridad al colaborar con su novia Kate Monster y los demás inquilinos de Avenue Q en la recaudación de fondos con fines educativos. Casi dos décadas después, las intertextualidades teatrales y musicales de *Avenue Q* resuenan de manera igual de acuciante y aguda en *Casa*.

Las historias de los personajes reflejadas sobre el escenario arrancan desde un espacio mimético inicial concebido como el «plano de un arquitecto, un inmenso plano de papel vegetal» desde el cual se proyectan las realidades vivenciales, las ilusiones, los recuerdos, las esperanzas y las expectativas del futuro en un recorrido dramático que empieza con lo que en muchos casos se podría denominar como la desposesión de la casa (a través del desahucio, el exilio, la migración, la mudanza…) pero que desemboca en las escenas finales con la posesión de un nuevo hogar entendida en clave física o metafórica, y que conlleva a su vez el empoderamiento personal. La importancia y el significado de cada historia radica además en su función colectiva ya que con cada personaje individual asistimos a lo que vienen siendo experiencias universales. Miranda revindica con voz y presencia aquellas personas más afectadas y marginalizadas por las causas y consecuencias de la crisis inmobiliaria visibilizando las realidades vividas ajenas a la espectacularización que se ha hecho de la vivienda a través de los desahucios televisados. En cada escena van proliferando temas como la corrupción y la especulación en la construcción inmobiliaria, el yugo de la hipoteca y la indiferencia bancaria en cuanto a la ejecución de la mora, el exilio y la solicitud de asilo político, la precariedad, las infancias y juventudes vividas en centros de primera acogida y residencias de menores, la xenofobia y el racismo sufridos por los menores no acompañados, la integración social, la autonomía y el proceso de independización de personas con diversidad funcional, el cuidado de los hijos y los familiares afligidos por temas de salud… Todo ello con el telón de fondo de las realidades sociales de las décadas más recientes marcadas por las sucesivas crisis traumáticas de la vivienda y de la pandemia ya que el COVID-19 también hace acto de presencia entre las páginas del texto a través de referencias a la cuarentena y al confinamiento para resaltar cómo la pandemia expuso la necesidad urgente de una casa en medio de un contexto de emergencia sanitaria.

«La vida y la vivienda están tan entrelazadas que es casi imposible imaginar una sin la otra» escribe el profesor y sociólogo Matthew Desmond en su libro *Evicted: Poverty and Profit in the American City*. Publicado en 2016, *Evicted* ahonda en el panorama de la crisis de la vivienda y aporta un importante estudio sistemático en torno a la perpetuación de las condiciones de pobreza, precariedad y desahucios que asolan las vidas de las personas entrevistadas. A nivel personal, el libro de Desmond es conmovedor tanto por la crudeza y la realidad desgarradora de las historias reflejadas como por el hecho de que se enfoca en Milwaukee, la ciudad en la que nací. *Evicted* provocó que reflexionase sobre mis propias condiciones de vivienda a lo largo de los años y lo que habría sido de mi vida sin un lugar al que poder llamar hogar del mismo modo que la obra de Lucía

Miranda. En su epílogo, Desmond destaca que «en los idiomas hablados por todo el mundo, la palabra para casa abarca no solo el refugio sino también el calor, la seguridad, la familia —el útero». La correspondencia entre la casa como matriz contrasta profundamente con las actuales condiciones de la vivienda que intervienen a favor de una élite socioeconómicamente privilegiada a la vez que somete a individuos y familias a la inestabilidad existencial. En su denominación original que data del siglo XIV, la palabra para hipoteca —*mortgage*— implicaba un acuerdo o compromiso (*gage*) que tras el impago (*mort*) de la hipoteca quedaba disuelto. No obstante, la realidad no es así de tal magnitud que tanto el ciclo inmobiliario como las condiciones de la vivienda son en muchos casos cuestión de vida y muerte.

Las últimas páginas de *Casa* dan lugar a que Miranda efectúe un *coup de théâtre* magistral al insertar un toque autobiográfico que implica una dimensión profundamente personal en cuanto a la vivienda. En las reflexiones finales y ya con todos los personajes por primera vez juntos en el escenario, la obra abre hacia una nueva valoración del concepto del hogar asentada sobre las bases de la solidaridad comunitaria y activismo cívico elaboradas a modo de rizoma entre los personajes y, por extensión, entre el público como elemento comprometido con la temática de la obra. En una cita que remite a *Casa*, Bachelard sugiere que «los valores de la intimidad son tan absorbentes que el lector cesa de leer tu cuarto: vuelve a ver el suyo otra vez». A través de la proyección heterotópica de diversas experiencias, casas y hogares, presenciamos las realidades de las personas a nuestro alrededor a la vez que nos lleva a considerar futuros posibles para nuestras vidas. Con *Casa* Lucía Miranda revindica el derecho a la vivienda y, con ello, el derecho a la vida.

Anthony Pasero
Providence College

Desde el momento en que abandonamos los lugares de la infancia y empezamos a vivir nuestra propia vida, armados únicamente con lo que somos y tenemos, comprendemos que el verdadero secreto de los zapatos de rubíes no es «que se está mejor en casa que en ningún sitio», sino que «casa» ya no existe, salvo, lógicamente, la que cada cual se construya o la que nos construyan, en Oz: es decir, cualquier sitio, todos los sitios, excepto aquel del que partimos.

Salman Rushdie

Para mi padre

Nota de la autora

Casa es una obra de teatro documental *verbatim*, para la que se han entrevistado a cuarenta personas en tres ciudades. Se ha realizado un taller de dramaturgia dentro del marco del Festival Cuéntalo de Logroño, y una mesa redonda, un taller de danza y un taller de espacio sonoro en el Teatro de La Abadía de Madrid de los que también se han obtenido material para la pieza.

Como en obras anteriores, cada persona fue entrevistada de manera personal e independiente y participaron de manera voluntaria y gratuita. Pregunté a cada persona cómo le gustaría llamarse en caso de convertirse en personaje de esta historia y he respetado su deseo.

Aproximadamente el noventa y cinco por ciento de esta obra es una transcripción directa de esas entrevistas, el cinco por ciento está ficcionado en base a las historias que me contaron.

DRAMATIS PERSONAE

ANTONIO, hombre español, de sesenta y muchos
EL HOMBRE DE LA NASA. Acompaña a Antonio
en todas sus escenas
CORO DEL ESTUDIO DE ARQUITECTURA
JULIEN, hombre francés.
Aparece de sus veinte a sus treinta y tantos
JOSEPHINE, mujer española,
aparece desde sus veinte a sus cuarenta
CORO DEL METRO DE PARÍS
CORO DE LA FIESTA
DARÍO, joven español
de veintidós años de origen dominicano
MOHA, joven marroquí de diecisiete años
CORO DE LA RESIDENCIA DE MENORES, jóvenes y mayores
M, mujer, venezolana de unos veintidós años
AMELIA, madre de M, venezolana, cincuenta y tantos
VECINO VENEZOLANO
CORO DE GUARIMBA
FEDE, hombre español, de unos cuarenta
LUPE, asesora financiera, treinta y muchos,
cuarenta y tantos, interpretará MUPPET LUPE
GUADA, asesora financiera , treinta y mucho,
cuarenta y tantos, interpretará MUPPET GUADA

JULIA, mujer blanca española, de unos sesenta y tantos años
POLANS, hombre blanco español
de unos sesenta y tantos años
AMIGA de Julien y Josephine
SACHA, mujer blanca española, de treinta y tantos
CORO DE HOMBRES/ CERTIFICADO DE INGLÉS
CORO DE PSICÓLOGOS SIN FRONTERAS
RAFA MAYORAL
CORO DE LA PAH
CONSTRUCTOR, español blanco de unos cincuenta
POLICÍA, español blanco de unos cuarenta y pico
FREDDIE MERCURY, interpretado por el actor que haga de
Policía
PRIMA DE FEDE
ARNALDO, hombre blanco español, de unos cuarenta
CORO DE VECINOS
BEA DE LA PAH
CORO DE LA REUNIÓN CLANDESTINA
CORO DE AMIGOS EN MUDANZA
CORO DEL SET DE CINE
HIJA DE ANTONIO, interpretada por la actriz que interpreta
Josephine
CORO DE CHICOS E. T.

SOBRE EL ESPACIO

La obra transcurre en el plano de un arquitecto, un inmenso plano de papel vegetal que se va convirtiendo en distintos espacios: un estudio de arquitectura, una asamblea de la PAH, una reunión de vecinos, el metro de París, un aeropuerto, una manifestación en Venezuela, una residencia de menores.

También podría ser un plató de cine donde los actores manipulan a la vista: objetos y vestuario. Las sillas son diferentes.

Es muy cinematográfico.
Preferiblemente no habrá caja escénica ni bambalinas. Se verá el teatro como es, con sus paredes, enchufes, etc. Crudo.

SOBRE EL VESTUARIO

Los cambios de personaje son muy rápidos, buscar una pieza característica por personaje.

SOBRE EL TEXTO

El texto está transcrito atendiendo a elementos como pausas, sonidos, silencios o palabras gramaticalmente mal escritas. En la puesta en escena se debe respetar la transcripción ya que atiende a una manera real de hablar de los personajes y es parte de su identidad.

Muchas de las canciones que aparecen han sido elegidas por las personas entrevistadas o responden a sus gustos musicales, si no pudieran usarse por motivos de derechos de autor, se recomienda buscar temas similares.

Espectáculo de veintitrés personajes y doce coros. Está pensado para cinco actores, pero podría interpretarse por muchos más.

SOBRE LAS VISUALES

Las fotografías, dibujos y videos reales que conviven con la escena como cuando hay personajes que salen de un cuadro o una foto no están en crudo, sino que se incorporan de una manera más poética: es documental pero es teatro. El principio y el final tienen carácter cinematográfico. El mundo de las *muppets*, libre albedrío.

SOBRE LA PARTICIPACIÓN DEL PÚBLICO

Para realizar la escena del derecho a la vivienda, hay que preguntar al público antes de entrar qué es el derecho a la vivienda para ellos. En el Cross Border al hacer el montaje, dejamos papeles y bolis en los *hall* de los teatros, y hay algunas personas del espacio escénico y/o de nuestro equipo hablando con la gente a la entrada, animando a que lo compartan. Hay muchas más maneras, a nosotros nos ha servido esa.

FICHA TÉCNICA

Casa de Lucía Miranda, se estrenó en el Teatre Lliure de Barcelona el 1 de diciembre de 2021 con el siguiente equipo:

REPARTO

Pilar Bergés- JOSEPHINE, AMELIA SACHA, CONSTRUCTOR, HIJA DE ANTONIO, COROS,
César Sánchez- ANTONIO, MOHA, AMIGA DE JULIEN Y JOSEPHINE, AMIGA BEA, COROS
Macarena Sanz- M, JULIA, ARNALDO, PRIMA DE FEDE, COROS
Efraín Rodríguez- DARÍO, GUADA, JULIEN , RAFA MAYORAL, COROS
Ángel Perabá- EL HOMBRE DE LA NASA, FEDE, POLANS, LUPE, VECINO VENEZOLANO, POLICÍA, FREDDIE MERCURY, COROS

EQUIPO ARTÍSTICO Y TÉCNICO

Dirección -Lucía Miranda
Iluminación - Pedro Yagüe
Espacio sonoro - Nacho Bilbao
Vídeo escena - Javier Burgos
Vestuario y escenografía - Anna Tusell
Ayudante de dirección - Román Mendez
Auxiliar de dirección - Marina Álvarez Moltó
Producción - Helena Ordoñez Bergareche
Ayudante de escenografía y vestuario - Fátima Cué
Construcción de decorado - Mambo decorados
Construcción casas - Creators of legend
Construcción Muppets - Merche Cuesta Ramón – La casica Puppets
Asesor de muñecos -Manuel Román
Transcripciones - Amaia Castañeda, Elena Valera
Dirección técnica - Braulio Blanca
Redes Sociales - Irene Blanco
Administración - Carmen Miranda
Distribución - Susana Rubio

Proyecto realizado con la Beca Leonardo a Investigadores y Creadores Culturales 2019 de la Fundación BBVA. Coproducido por Teatre Lliure, Teatro de La Abadía, Théâtre Dijon Bourgogne- Centre Dramatique National y Cross Border.

Agradecimientos- Elena Mendez, Laura Jaen, Belén Viloria, Felix de la Peña, Maria Moreno, y todas las personas que me prestaron su tiempo para ser entrevistadas.

EL ESTUDIO DE ARQUITECTURA

Suena Amapola *de Alfredo Kraus.*
Se proyecta

CASA
Obra documental verbatim
se han entrevistado a cuarenta personas
El noventa y cinco por ciento es una transcripción directa

Esta escena es una película de Frank Capra. Aparece ANTONIO *dibujando. Canta. Dibuja una casa patio que se va proyectando. Es mágico.*

ANTONIO
El primer estudio que tuve
era pequeñito.
Era una pequeña oficina que tenía...
veinte metros.

En el segundo estudio
ya tenía dos cuartos
¡ya tenía treintatantos metros!
Y daba otra imagen, ya tal.

El tercero
era...
¡pues un palacio!
Una oficina de sesenta y dos metros.

(Se va abriendo la luz y aparece el CORO DEL ESTUDIO DE ARQUITECTURA, *creando el espacio.)*

Teníamos una máquina para hacer planos,
teníamos una sala de reuniones,
teníamos
dos cuartos, uno donde trabaja el delineante y donde trabajaban los arquitectos,
era un...
¿eh? *(No oye bien lo que le preguntan.)*
a parte de la secretaria,
teníamos siempre un aparejador, y normalmente trabajábamos con un ingeniero industrial.
Un palacio.

(Desaparece el CORO DEL ESTUDIO DE ARQUITECTURA.
Aparece EL HOMBRE DE LA NASA *que observa todo. Se miran.)*

Mi casa patio.

En la escuela
cuando estudié arquitectura
ehhh
me cayó en las manos
la casa patio
de José Luis Ser.

Lo compré el terreno
pues hará...
tendría que tener unos cincuenta y tres años.

Entonces
mi mujer,
pues se empeñó
en comprar la parcela
porque tenía una urbanización
tenía club social
sobre todo tenía piscina que a ella le gustaba nadar
mucho
y tal.
Pero bueno,
como dicen que tiran más dos tetas que dos carretas,
(Ríe.)
pues compré
compré la parcela.

Lo pagamos
a tocateja.
El dinero que saqué de la venta de la casa de mis padres,
los ahorros de mi mujer,
los míos...

Hice el proyecto
y empezamos a hacer la vivienda.

(Desaparece EL HOMBRE DE LA NASA.*)*

(Silencio.)

Pero claro,
las circunstancias cambiaron mucho
y
y
y se nos pasó el arroz.

Aparece JULIEN.

JULIEN
¿Me da un cigarrito?

ANTONIO
Claro, chaval.

JULIEN *se va nervioso, sin darle las gracias.*

ANTONIO
(Ríe.) Estos chicos de ahora...

TU VEUX DU FEU?

ANTONIO *y* EL HOMBRE DE LA NASA *desaparecen. Luz sobre* JULIEN.

JULIEN
Eeee... *tu veux du feu?*

Aparece JOSEPHINE.

JOSEPHINE
(A público.) Eeee... *Tu veux du feu? (Ríe.)*
Fue a los siete días, siete. Siete días de llegar a París
de Erasmus. *(Ríe.)*

Suena Sympathique *de Pink Martini.*
Aparece CORO DEL METRO DE PARÍS.

JOSEPHINE
Recuerdo que en el metro íbamos el grupo de españoles y
yy y yo o sea estaba como o sea pues eso de repente sentí
como una mirada o sea que que te quema la nuca que te
quema o sea. *(Ríe.)*

Aparece de nuevo Julien *mirándola fijamente, a* Josephine *le entra la risa.*

Josephine
 Guau!
 (A público.) O sea *(Ríe.)* y y y y nada yo yo yo me seguí
 me di la vuelta y seguí hablando con los españoles y a la
 bajada de
 teníamos que bajar ya todos o sea ya
 él,
 él …

 Julien *se acerca.*

Julien
 (A Josephine.*) Eeee... tu veux du feu?*

Josephine
 (A público.) Eeee tu veux du feu? (Ríe.)
 Y ya de ahí estuvimos toda la noche hablando.

 Aparece Coro de la fiesta.
 Josephine *y* Julien *revolotean.*
 El resto fuman, hablan en francés, están en una fiesta.

Julien
 (A Josephine.*) Tu pourrais me donner ton numéro de téléphone?*
 Tu peux me donner ton numéro de téléphone?
 T´as numéro de téléphone?

 Josephine *pone cara de no entender.* Julien *insiste.*

Julien
 Tu a numéro de téléphone?

JOSEPHINE
Ah, teléfono!
(A público.) Pero, yo no tenía teléfono, llevaba siete días
en París o sea *(Ríe.)* no tenía teléfono no tenía *gg* da gracias la tarjeta del abono transporte. *(Ríe.)*

Entonces él me dijo:

> JULIEN *le dice algo al oído mientras bailan.* JOSEPHINE *se ríe.*
> *Y le responde:*

JOSEPHINE
Merci beaucoup, je t 'appellerais !

(Respiración a público, se sienta.)
Y me guardé ese número de teléfono
eee en la cartera y ahí lo dejé.
Y a los dos meses le llamé *(Ríe.)* dos meses. *(Ríe.)*

Se llamaba Julien. *(Ríe.)*
*(Señalándose a sí misma, sorprendida porque no se ha presen-
tado.)* Josephine,
por mi abuela
se llamaba Josefina, *(Ríe.)*
pero siempre le ha gustado el francés. *(Ríe.)*

> *Volvemos al estudio,* ANTONIO *sigue trabajando.* EL HOMBRE
> DE LA NASA *observa.*

SENTIRSE EN CASA

ANTONIO
Para mí

lo más importante de una casa es
su funcionalidad.
Es decir,
que la gente estuviese a gusto dentro de su cubículo.

Aparece Darío.

Darío

Mmmm, pues no, no, no tengo nada bueno en esa casa,
nada, nada, nada.
Darío.
(Silencio. Escucha una pregunta.)
No, no, no es lo mismo.
Un centro de primera acogida y una residencia
son muy diferentes.
Pues en la… en la esperanza
y en la violencia.

Un centro de primera acogida
que ahí van, llevan ahí
pues los niños que en ese momento no pueden quedarse
en casa porque o lo matan o yo que sé ooo…

Moha

Yo no tenía ni idea lo que es un MENA,
pero cuando entré al centro,

Va apareciendo el Coro de la residencia. *Un* Chico *repite la palabra «mena» alrededor de* Moha *mientras* Darío *habla.*

Chico

Menaaaa, mena, mena.

Darío

La residencia es más pacífico, más tranquilo, a ver

Moha *se cansa y va a por* Chico, *pero al final no lo hace.*

Darío

Aquí eee
es más sí, te sientes más comoo como en casa.

Entran Chicos *y* Adulto *y se van saludando de distintas
maneras.*
Esta escena es muy rápida, muy loca. Adulto *se puede
interpretar por un actor o por varios. Estamos en una residencia de menores.*
Entra Adulto *despertándoles.*

Adulto

¡Venga, a levantarse, ya! Vaaamos que no llegáis hoy al
instituto.
Hola, Darío. Hola, Moha.
¿Darío, aún estás así? Venga, Moha.

Darío

La verdad es que acabas un poco hartito
porque como tienes, ves a tantas personas todos los días
y tienes que tratar tantas veces
que a veces no tienes ese espacio tuyo
íntimo.

Adulto

¡Venga, quien no esté en cinco minutos en el comedor, no
desayuna!

Chico

Para la mierda de desayuno que nos dais.

Darío

No sé si los educadores que me gritan todas las mañanas

para que haga las cosas
me quieren…

ADULTA

Te he limpiado la habitación.

DARÍO

Me quieren joder

ADULTO

Eres imposible, imposible, imposible.

DARÍO

o me quieren ayudar.

MOHA

(Cantando fatal con un papel delante.) «¿Y quién me va a
entregar sus emociones?
¿Quién me va a pedir que nunca le abandone?».

DARÍO

Moha está aprendiendo español que no tiene ni idea.

Vuela un objeto que casi le da.

DARÍO

Hay muchos compañeros que
son muy cabrones.

Se oye una ambulancia.

MOHA

Eh, eh, la palabra mena tiene muy mala fama,
yo creo,
a ver,
yo no digo que no,
que hay algunos menores que,

41

Un Chico *roba la bolsa del Ikea de* Darío.

Adulto
(*A público.*)
Robos así, *(Hace un gesto de muchos con las manos.)*
claro,
bu...
a tutti pleni.

Darío
Me insultan

Se empiezan a subir unos encima de otros, haciendo gestos sexuales.

Chico 1
Te voy a meter un palo por el culo mientras duermes que

Chico 2
Te voy a rajar la cara, ¡gilipollas!

Adulta
Niños de tres y cuatro años
que dices:
Pero, pero, pero, pero ¿cómo?

Adulta
Y…
y abusos,
o sea…

Adulto
Los niños son supervivientes,
eh,
los educadores hacemos todo lo que podemos,

pero es que no llegamos,
no se llega.

MOHA
Cuando eres un mena,
o sea, como toda la culpa la tienes tú

CHICO 3
Ay… ¿y tener a una persona que te haga la comida?

MOHA
Me considero un MENA, sí.

DARÍO
Salmón,
estoy comiendo salmón
o sea, salmón
que el salmón es carísimo
o sea yo lo veo afuera en la calle
digo…
es un pastizal.

MOHA
¡Y la paga! Quince euros
a la semana, para los mayores

DARÍO
Compro plantitas,

MOHA
posters

DARÍO
unas sábanas mías.

TODOS
Mías, mías, mías, mías.

DARÍO
En el Ikea.

Un CHICO *coge un mando, comienzan a discutir.*

MOHA
Pon *Modern Family.*

CHICA 2
Eso es una mierda, hombre, pon *S. W. A. T.*

CHICO 3
Tú, calla.

CHICO 1.
A que te callo a ostias, joder.

DARÍO *chista.*

DARÍO
Ponte aquí, anda.

Se ven las cabecitas mirando a la tele, recostadas unas en otras, hay un murmullo de paz.

DARÍO
(Sonríe.) Hay mucha,
mucha hermandad también.

LOS ARQUITECTOS

ANTONIO *sigue dibujando.* EL HOMBRE DE LA NASA *observa.*

ANTONIO
En aquella época un arquitecto era
como Dios
se consideraba que era el que más sabía.
Primero no éramos muchos.
Cuando yo me colegié hice el número cien.
Mandábamos todo lo que queríamos.

Fue a los dos años de acabar la carrera
con treinta años.
A mi socio y a mí nos encargaron
una torre, el proyecto de urbanización, el parque, el jardín.
Me sentí
un Dios
nada más acabada la carrera
cuando mis compañeros de carrera no hacían nada.

(Observa lo que se ha dibujado.)

¿Ahora qué es un arquitecto?
O eres el mejor del mundo o de los mejores
o si no eres una persona mucho más vulgar
porque no te consideran
como hay tantos,
ya pueden elegir a cualquiera
y bueno, sobramos.

VENEZUELA

Aparece M en el medio del escenario, de pie. Tienen un aspecto muy aniñado. Hay algo de humo.

M

M.
Sí, solo M.
Yo nací en 1999
que es el año en que Chavez toma el poder
por lo que todas mis conversaciones
han girado hacia
ese tema.

Los actores alrededor de M hacen el espacio sonoro de Venezuela, al principio del día a día, sus calles, su naturaleza. Aparece AMELIA.

AMELIA

La época que mi hija se graduó de bachiller,
tenía diecisiete años *eee*
se atravesó un momento de protestas
importantes a nivel nacional

M

Yo no viví ningún tipo de Venezuela diferente
yo viví el mismo gobierno
que sigue hasta hoy en día.

AMELIA

Eee unas protestas que en Venezuela,
se llaman guarimbas.

M

No sé, era como
impotencia yo creo que la impotencia
de que hay elecciones
pero para qué, si al final no se van a tomar en serio.

AMELIA

Con el tema de las guarimbas,
teníamos un horario muy restringido
en salir.
Y entonces
el último trimestre del cole de M
en el bachillerato
fue muuuy engorroso,
muuuy extraño

> M *se da la vuelta y dirige en directo el espacio sonoro que se*
> *va convirtiendo en una guarimba violenta, en una pieza*
> *sonora* per se *con discursos políticos, sonido de la calle, es*
> *violento, duro.*
> *Hay humo.*
> *Silencio*
> M *vuelve a hablar al público.*

M

Vivir en Venezuela o nacer en Venezuela
siempre fue un poco de tener miedo
de salir a la calle con miedo
o de hacer cosas con miedo.

(Silencio.)

Irme lo propuse yo
lo propuse yo.

El hombre pájaro

Suena un sonido de ave, es Fede.
*Esta escena es breve, un fogonazo, y no sabemos si es un
sueño o realidad.*

Nos lanzamos a la aventura

Aparece Josephine.

Josephine
Julien y yo nos vinimos a vivir a Madrid
tres años después.
Y encontramos la casa deeee, de Tribunal, de alquiler
y aquí estamos súper a gusto
y a los pocos meses
la dueña nos dijo que iba a vender la casa
Entonces pues en una noche de locura

Entra Julien *descorchando una botella de tinto.*

Julien
Attand, ¿y si la compramos?

Josephine
Podría ser una inversión,

Julien
Un appart qui est super bien placé en plein centre de Madrid.

Josephine
Y es taaan bonita.

48

JULIEN

Más barato que pagar un alquiler sí va a ser, sí...

JOSEPHINE

Y a largo plazo sería nuestra.
(A público.) Y fuimos a la CAM
porque yo soy de Alicante.

Yo la CAM
o sea
mis abue, de toda la vida o sea en Alicante la CAM todo
el mundo tenía
cartilla en la CAM
cuenta en la CAM,
o sea sí sí o sea que era un banco que yo conocía.

Y bla bla bla bla entonces *(Ríe.)*
pues nos lanzamos a la aventura.

UNA MÁS UNA, SON DOS

Aparecen LUPE *y* GUADA.

LUPE

Muchos clientes me dicen «gracias por la clase de hoy».
Si dejo de trabajar en un banco
me gustaría
hacer comooo
un programa de extraescolares en el colegio de educación
financiera.
Pero desde pequeñitos.
Caro, ya muchos van como...
como si fuese al médico

49

y lo que tú digas.
¿Cómo que si fueses al médico lo que tú digas?
¿Sabes?

Se llamaría
(Ríe.)

GUADA
Sentido común.

LUPE
Es que sentido común es el menor de los sentidos...

GUADA
Una más una son dos.
(Ríe.)

> *Suena la música del programa* Una más una son dos.
> *Aparecen* MUPPET LUPE *y* MUPPET GUADA. *Todo es muy buenrollero.*
> *Es un musical.*

MUPPET GUADA
Yo soy Guada.

MUPPET LUPE
Yo soy Lupe.

MUPPET GUADA y MUPPET LUPE
Y las dos somos: ¡Tus asesoras financieras!

MUPPET LUPE
Tres lecciones rápidas para pedir una hipoteca.
Lección 1:

Muppet Guada y Muppet Lupe
Nunca somos de fiar.

Muppet Lupe
(A público.) Nunca somos de fiar, ¿no?
Si yo te llamo
Oye mira que te ven, que te quiero ayudar…

Muppet Guada
¿Que me, que me quiere ayudar un banco?
(A público.) Esto es gato encerrao.

Muppet Lupe
Lección 2:

Muppet Guada y Muppet Lupe
Sumar y restar.

Muppet Lupe
Guada, es como tan obvio…

Muppet Guada
¿El qué es obvio, Lupe?

Muppet Lupe
Primero,
tú ingresas esto y tienes todos esos gastos.

Muppet Guada
Sí, Guada.

Muppet Lupe
Segundo, vamos a empezar a cortar, venga el Canal Plus.

Muppet Guada
No, no, lo de los toros no me lo quites, Lupe.

Muppet Lupe
Ya pero es que con esto, no puedes llegar a pagar la hipoteca, Guada.

Muppet Guada
Que no, Lupe, que no.

Muppet Lupe
Vale, los toros no, Guada,
venga vamos, por lo siguiente.

Muppet Guada
Lección 3:

Muppet Guada y **Muppet Lupe**
Las hipotecas.

Muppet Lupe
El banco de toda tu vida no tiene, Guada, no tiene por qué ser el que mejores condiciones tiene que, tiene, tiene que ser, te puede dar.

Muppet Guada
¿El banco de toda mi vida no es el que mejores condiciones tiene, Lupe?

Muppet Lupe
No, Guada.
Date una ronda, Guada, pues al igual que cuando tú vas al supermercado y sabes que el jamón york ahí está a 1,60 en el Mercadona está a 1,50!
Y hasta aquí el programa de hoy

Música de cierre.

LA FINCA

FEDE *es ahora parte de un dibujo, de un cuadro.* JULIA *está de pie, nos va mostrando la casa.*

JULIA
Este es el que os quiere regalar,
el de el hombre que tiene todos los pájaros en la cabeza.
Hace unos dibujos preciosos,
preciosos.

POLANS *le grita amorosamente desde la cocina.*

POLANS
Está el tomate puesto.
Lo he movido pero/

JULIA
Ah bueno,
gracias guapo.
¿Tiene azúcar?

POLANS
No,
no tiene azúcar todavía.

JULIA
(Sonríe.) Vamos al porche.

(Se abre el espacio, JULIA *se sienta.)*

Julia. Y mi marido Polans.
¿La finca?
Era de mis abuelos.

Yo desde niña me encantó esto,
y entonces a mi madre que le tocó la casa donde vivimos ahora
me la regaló,
pero exclusivamente lo que era la casa.

(Ofrece un cuenco de aceitunas.)

Estas aceitunas las hace Polans,
que están muy ricas.

Escucha una pregunta, entra Polans *que se sienta también.*

JULIA
Cuando vinimos

POLANS
Fede tenía catorce años.

JULIA
Dieciséis yo creo,
¿no?

POLANS
No,
catorce tiene.

JULIA
Era muy agresivo Madrid para él y tal,
y nos echaban del alquiler en el que estábamos,
y entonces teníamos unas pelillas,
y decidimos a arreglarnos la casa,
y, y la verdad es que pa Fede fue…

POLANS

Podía hacer lo que quería
¿no?

JULIA

Fede durante la noche tenía convulsiones
hasta hace nada,
y teníamos un poco que estar ahí…

Había noches que dormía de tu mano cogido
¿sabes?

POLANS

Cuando llegamos aquí Fede no dominaba nada,
no sabía ni de formas,
ni de números,
nada.
Compré unas cajas de plástico,
y íbamos por el suelo cogiendo,
yo le decía:
«Cógeme una piedra que quepa aquí».

Y el aprendió las formas
¿no?

JULIA

Para él y para nosotros fue
un cambio brutal.

La noche en que Fede se fue de casa.
Me moría.
(Ríe.)
O sea era,
una, una angustia,
tenía veintidós años.

POLANS
Veintitrés.

JULIA
Pues veintitrés.

JULIA *pone cara de bueno, da igual.*

MI MAMÁ ME SENTÓ

Aparece M.

M
Ya tenía dieciocho años
y creo que fue un día donde mi mamá se sentó como en
mi habitación, en mi cuarto.

Aparece AMELIA *y se sienta.*

AMELIA
No tengo suficiente dinero para demostrar que te puedo
mantener en España, pero
yo tengo algo de dinero
si de veras te quieres ir

M
Sí mamá.

AMELIA
Lo podemos usar por el pasaje.

M
Sí yo quiero hacer eso.

AMELIA
No es como para que te vayas con una beca de estudiante
que hubiera sido lo que me gustaría.

Apagón de luz.

AMELIA
Ay qué vaina, que me toque hablar de esto así.

M
Espera mamá voy a por una linterna.

VECINO VENEZOLANO
Viva Chávez, carajo.

AMELIA
Que viva, que viva. ¡En el cajón de la cocina!

M
Sí, sí.

AMELIA
Bueno, pues nada, así será.

M
Ya está, ya está.

AMELIA
¿Dónde estaba?
He vendido los dos carros

M
¿Qué?

AMELIA
y he cambiado ese dinero en dólares.

Quizás tu papá no va a estar
muy muy de acuerdo…

Como si la hubiera leído el pensamiento.

M
Podría ir con la excusa de hacer

(Vuelve la luz.)

un curso,
corto,
de dibujo.

Silencio.

AMELIA
(A M.) Pues nada,
Mari, cuenta conmigo.

Silencio.

AMELIA
(A público.) Yo ya sabía que no,
que… yo sabía
que ella se quedaba.

MI TREINTA CUMPLEAÑOS

Aparece JOSEPHINE.

JOSEPHINE
Ya la crisis había llegado la crisis económica

la burbuja había explotao
estábamos en esas estábamos en la época pues ya en 2012
pues bieeen
bien jodida

Eeemmm
Julien se quedó sin trabajo
él trabajaba en un periódico
era el fotógrafo en plantilla y el periódico cerró
entonceees le dieron un finiquito entonces se encontró
con mucho tiempo y un finiquito.

Él tenía el sueño todo el rato de hacer reportajes
y temas propios
entonces como que fue la oportunidad.
O sea quiero decir que no había trabajo o sea para nadie.
No había perspectiva.

Era poco tiempo antes de mi treinta cumpleaños

   Aparece JULIEN.

JULIEN
   Quiero ir a Siria.

JOSEPHINE
   en muchos conflictos
   era como que ééél

JULIEN
   Es que yo tengo que estar ahí

JOSEPHINE
   (Ríe.) o sea…

JULIEN
  yo no sé qué hago aquí.

JOSEPHINE
  Una amiga le dijo:

AMIGA
  ¿Por qué no pruebas en Senegal? Van a ser las elecciones,
  puedes hacer un reportaje sobre ese tema
  y luego ya ves...

JOSEPHINE
  y pues le pareció muy buena idea
  a mí también me pareció muy buena idea.

    Silencio.
    JULIEN *saca una tarta con unas velas y mira a* JOSEPHINE
    según habla.

JOSEPHINE
  Nos hicimos una cena de despedida muy guay yyyy
  y ya está
  bueno y se fue.
  (Silencio.)
  Joder, me cago en la leche.
  ¿Quién va a escuchar esto?

    JULIEN *sopla las velas de la tarta.* JOSEPHINE *desaparece con*
    la tarta, en su lugar está JULIA.
    JULIEN *observa.*

LAS FOTOS

JULIA *y* POLANS *siguen en el porche, con las aceitunas*

JULIA
Polans hacía cine,
yo, yo trabajaba
como trabajadora social,
que era mi profesión,
en una empresa
y él fue a hacer un reportaje en esa empresa.

Aparece POLANS *con la cámara en la mano.*

POLANS
Yo soy economista,
y cuando
cuando Fede empezó a estar tan mal
pues me puse a trabajar para ganar dinero,
no pa disfrutar.
Y luego
empecé a trabajar en el banco.

POLANS *le da una cámara de fotos a* JULIEN, JULIEN *da la espalda al público y hace una foto al fondo del escenario. Con su flash aparece el aeropuerto en penumbra y desaparecen* JULIA *y* POLANS.

AEROPUERTOS

Sonido de aeropuerto.
JULIEN *cruza con su cámara colgada. Aparece M con una*

maleta. Darío *con aire de perdido su bolsa del IKEA. Y* Amelia.

Amelia
Nosotros la acompañamos a
a Caracas
a irse,
en el aeropuerto internacional de Maqueitia.

M
Recuerdo *(Sorbe.)* que
no quise voltear.

Darío
Ehh no quería venir a España dije yo no sé qué coño
pinto aquí
por qué me separaron de mi padre en República
Dominicana
que en ese momento convivía con él y con mi abuela.
Conocí a mi madre con ocho años
de hecho, la conocí en el aeropuerto.

M
Me vine con dieciocho años
novencientos euros
y ya está.*(Ríe.)*
Y ya está. *(Ríe.)*

Darío
Hola, hijo
Y yo en plan... como... digo...
Hola, ¿quién eres?
(A público.) O sea... *(Ríe.)* no te conozco de nada... pero
bueno te doy un abrazo porque se supone que dices que
eres mi madre.

AMELIA
Yy en ese momento no sentí la ausencia,
como cuando entré en casa,
llegué /

M
yo pasé
(Se gira dando la espalda al público.)
y no voltear,

DARÍO
Cuando vi / la habitación

AMELIA
/ al cuarto

DARÍO
parecía como que está preparando eso desde hace tiempo

AMELIA
llegué
a su
curruño,

DARÍO
con cartitas, con muñequitos, con eee chuches,

AMELIA
a sus cosas,

DARÍO
era como entrar en una
yo creo que mi madre metió en esa habitación
todo lo que
no sé cómo… ¿sabes?

M
    M no volteés

Amelia
    Sentí el vacío
    y no es el vacío de
    salió unos días de vacaciones y iba a regresar
    sentí el vacío de que...

Darío
    Como... es como cuando esperas a alguien durante
    mucho tiempo y metes cada detalle

Amelia
    habían muchas cosas de ella
    que se quedaron.

Darío
    para que cuando cuando esa persona llega al fin
    se sienta como en casa.

M.
    M no volteés porque les vas a ver llorando a ellos.

    Silencio.

Amelia
    Para mi era un jojoto
    era un brote.

M
    Y no volteé.

    Sonido de avión que despega.
    Desaparecen.

Las aves

Suena dentro de cajas un sonido de gallinas.
Entra Fede *con urgencia y con un cesto de huevos.*

Fede
Que que
se ha caído
un
ccccccc cernícalo.

Entra Julia.

Julia
Descubrió donde tenían los nidos,
dónde,
y,
y nada,
vino la policía y todo,
llamó a la policía para que viniera a ayudarle
y los subieron arriba.

Fede *mira a público y explica lo que ha estado haciendo.*

Fede
Hoy,
de, de, de beber
tachar,
comer
tachar,
hoy,
los
que he cogido,
pues están

SACHA
Bueno,
y con las gallinas…

FEDE
(Sonido gallina.)

SACHA
(Ríe.) Las hipnotiza.

FEDE
(Coge una gallina imaginaria.) Tranquila.
Quietita,
quieta,
quieta,
quieta.

JULIA
(Riendo.) Se te están revelando
quieta,
quieta,
quieta.

    La gallina se revuelve, no lo consigue.

SACHA
Somos muchos a lo mejor observando, necesita estar sola
con Fede.

FEDE
Sí.

JULIA
Ay perdona,
esta es Sacha, la asistente personal que acompaña a Fede.

Le encantan los animales,
las aves,

FEDE

(A público.) Grullas. *(Hace sonido de pájaro.)*

JULIA

Tenemos la enorme suerte de que esto es ZEPA.
¿Sabes lo que es ZEPA?
Zona protegida
de animales
porque hay avutardas en toda esta zona.

FEDE

Son, son,
más
más plan
pedos.

TODOS *ríen.*

JULIA

Y por eso existimos aquí
en medio de
de un espacio que, que, que sería urbano,
seguro.

FEDE

Es,
es más plan
(Hace una pedorreta.)
más plan así.

No quería casa, no quería novia

Aparece Josephine.

Josephine
El billete era de un mes,
pero el billete se fue retrasando *(Ríe.)*
hubo varias fue cambios no uno si no varios
hasta que ya no podía cambiarlo más porque si no lo perdía
entonces a la vuelta tenía que ser inminente.

La verdad que volvió en cuerpo pero no en corazón
o sea el alma
él
se había quedado allí.

Me dijo: que él

Julien
Je ne veux pas de petit amie
Je ne veux pas de maison
Je ne veux rien

Josephine
(A público.) No quería novia, no quería casa, no quería
(Ríe.) no quería nada.

Julien *desaparece.*

Josephine
y *bhhh* fue como de... pues tienes novia, tienes casa, tienes
hipoteca
a ver cómo coño hacemos esto
o sea a ver qué coño pasa con todo, ¿no?

CASA PROPIA

Aparece ANTONIO. EL HOMBRE DE LA NASA *está sentado, tranquilo, observando.*

ANTONIO
Habré construido alrededor
de quinientas viviendas
en toda mi vida
en diferentes edificios.

La casa en la que vivo
la que es mi casa,
es propiedad de mi mujer,
la heredó de su madre.
No, no
yo no tengo casa propia.

A OSTIA

Aparece DARÍO *en la residencia de menores.*

DARÍO
Yo en casa no me podía expresar.
Yo era muy hiperactivo
y yo me me pegaba con cada niño que se metía conmigo
en vez de responder oye, déjame en paz
yo directamente te respondía con una ostia
me decías tartamudo yo...
ostia
te burlabas de mí... de mi familia y tal,
ostia.

Entonces yo no sabía dónde desahogarme ni dónde
expresar eso y ala y siempre en los recreos
cada vez que me decían algo yo era..
¡pum!
ostia.

El día que se fue

JOSEPHINE *sigue donde la dejamos, esperando.*

JOSEPHINE
El día que se fue
dejó el pijama colgado en la silla como si fuera a volver
esa noche.
O sea ni... no sé ni lo había metido en el cubo de la ropa
sucia
su bolsa de fútbol de los martes con la muda para la
semana siguiente metida,
no sé era comooo como un alguien o sea *(Chasquido.)*
una bomba de humo que que que de repente o sea desapa-
reces y dejas todo
todo, todo, todo, todo, todo.

Certificado de inglés

Aparece M *en el centro.*

M
Chica nivel Advance ofrece clase de inglés a niños

Van apareciendo CORO DE HOMBRES.

HOMBRE 1
Me interesan las clases, ¿podrías mandarme una foto tuya?

HOMBRE 2
Busco una chica de compañía tres noches a la semana, ¿cuánto cobras?

HOMBRE 3
¿Das masajes?

HOMBRE 4
¿Te interesaría ser modelo?

HOMBRE 5
Soy médico joven, bien parecido y limpio.

HOMBRE 6
Quiero trabajar mi Advance para llegar a Proficiency contigo.

HOMBRE 7
No sé ligar en ciento veinticinco caracteres, ¿quedamos?

HOMBRE 8
Mmmmm.

HOMBRE 9
Eyyyy.

HOMBRE 10
Grrrr.

HOMBRE 11
Gesto de emoticono de corazón.

Hombre 12
    Hace Gesto de emoticono de forzudo.

Hombre 13
    Hace Gesto de emoticono de flamenca.

Hombre 14
    Hace Gesto de emoticono de beso.

Hombre 15
    Hace Gesto de emoticono de guiño.

    Coro de hombres *desaparecen.*

M
    Tuve la suerte de que me llamó
    una, una persona real *(Ríe.)*
    una mamá real *(Ríe.)*
    con dos niños
    eh… y empecé a darles clases
    a ellos
    eh de lunes a jueves.

No,
    no tenía ni idea.
    M… tampoco preguntaron nada.

    Supongo que lo mismo
    cuando eres de aquí pues esas movidas
    ni te van ni te vienen.

    Ni se te ocurre pensar eso.

    Que tu profesora de inglés está en un proceso de refugio.

    M *desaparece.*

LA PRIMERA CRISIS

Aparece JULIA.

JULIA
Tenemos por ahí guardaus informes de la escuela infantil,
en, en la que hablaban
de un tío, un crío superinteligente,
con mucha iniciativa,
con mucha creatividad,
ya entonces pintaba.

(Silencio.)

Fede tenía tres años y medio,
sarampión y fiebre muy alta
y se metió entre Polans y yo.
Muy abrigado
con un pijama gordo que cubría otro más fino
y tapado con las mantas
abrazándole.

(Un actor canta Nanas de la cebolla *de Joan Manuel Serrat.)*

Y de pronto,
empieza con fuertes movimientos de brazos y piernas
y un extrañísimo ruido gutural.

Le hablamos,
le llamamos,
le chillamos,
le pedimos que regrese
que no se vaya

no te vayas...
Corremos al cuarto de baño
le echamos agua
le intentamos abrir la boca
que tiene cerrada.

Te quiero mi amor
contesta
dime algo.
(Silencio.)
Vuelve
¡no te vayas!

Descalzos y en pijama
cruzamos Arturo Soria con él en brazos.

Ese fue el comienzo.
(Silencio.)
Síndrome de Lennox Gastaut.
(Silencio.)
Te amoro *(Sonríe.)*
Yo también.

LA PAH

Aparecen CORO DE PSICÓLOGOS SIN FRONTERAS.

CORO DE PSICÓLOGOS
Hola, hola, buenas tardes, hola...

PSICÓLOGA
Hola, soy de Psicólogos sin Fronteras,
necesitamos voluntarios, vamos a hacer una jornada este

sábado
vente, vamos a ir a la Pah.

Aparece JOSEPHINE.

JOSEPHINE
(Explicativa.) Plataforma de Afectados por la Hipoteca.
Yo estaba estudiando Psicología por las tardes
y dije: ¡mira qué guay!
Entonces había un taller formativo sobre el proceso de
ejecución hipotecaria que lo daba a Rafa Mayoral
Él entonces era abogado de la Pah. Ahora es Diputado
en el Congreso.

*Van poco a poco saliendo todos, hablando unos con otros en
una asamblea de la PAH.*

RAFA MAYORAL
Hay que tener claro
que:
en el momento en que nosotros dejamos de pagar la
hipoteca entramos en guerra con el banco.
Eso es así.

*RAFA MAYORAL y los demás siguen en la asamblea en
segundo término.*

JOSEPHINE
Entonces me di cuenta
de que yo era afectada
porque yo ya llevaba dos meses sin pagar la hipoteca.
La Comunidad de Madrid
no me estaba pagando entonces
en mi trabajo
o sea tardaba en pagar las facturas mucho tiempo.

Rafa Mayoral

(En la asamblea.) Vamos a salir de un esquema en el que
nos van a querer meter los bancos desde el principio es:
ustedes son culpables
por no pagar la hipoteca.

Josephine

Y en mi cabeza estaba la idea de
si tengo una hipoteca a cincuenta años que no pague dos
meses no pasa nada.

Rafa Mayoral

(En la asamblea.) No,
yo no soy culpable por no pagar la hipoteca,
yo,
no puedo pagar la hipoteca porque ustedes son responsa-
bles de esta crisis para empezar y porque además,
me han impuesto un contrato abusivo desde el principio.

Josephine

(Ríe.) Quiero decir de cincuenta que me retrase dos meses
no pasa nada.
O sea incluso de cincuenta doce meses un año
puf, ¿qué son doce meses en relación a cincuenta?

La mora y la ejecución hipotecaria

Suena la música del programa Una más una son dos.
Aparecen Muppet Lupe *y* Muppet Guada

Muppet Lupe

Hola amigos y amigas, la lección de hoy es

MUPPET LUPE Y MUPPET GUADA
la mora

MUPPET LUPE
¿Qué es una mora, Guada?

MUPPET GUADA
Fruto del moral, Lupe.

MUPPET LUPE
No, Guada no,

MUPPET GUADA
de la zarzamora, Lupe.

MUPPET LUPE
No, Guada, no.

MUPPET GUADA
(Canta.) Ayyyy, qué tiene la zarzamora llora que llora a
todas horas…

MUPPET LUPE
Estás jodida, *(Ríe.)* ¿sabes?

MUPPET GUADA
Has dicho una palabrota, Lupe.

MUPPET LUPE
Lo siento, Guada.

La para con un gesto de déjamelo a mí.

MUPPET GUADA
Ring, ring.

Muppet Lupe
¿Dígame?

Muppet Guada
Soy del banco, era para recordarte que el día uno te
vencía la hipoteca y que este mes pues que se quedao
pendiente...

Muppet Lupe
Ah, ¿que falta qué, perdona? Ay, no me digas, no me
digas... No no, pero esto lo meto yo ahora mismo, Guada.

Muppet Guada
Si tienej cualquier problema o estás pasando por algún
momento difícil Lupe...

Muppet Lupe
Una cuota impagada
no, Guada, no.

Muppet Guada
(A público.) Que tienes una cuota de ochocientos euros y
te quedan dos céntimos por cobrar de esa cuota...
van a generar intereses de demora y una comisión de
recobro.
Y una cartita que te mandan diciendo:

Muppet Lupe *y* Muppet Guada *cantan.*

Muppet Guada y Muppet Lupe
Por la presente, le requerimos para que en el plazo de
cinco días,
cinco días,
proceda al pago de la cantidad de ochocientos euros más
los intereses de demora

de demora,
que usted nos adeuda como titular/fiador, derivada de
un/a préstamo hipotecario
hipotecario

Aplauden, les encanta cantar.

MUPPET LUPE
Si de esta primera cuota te ha quedao pendiente los dos
centimillos Guada.

MUPPET GUADA
¿Que me han quedao pendientes dos centimillos, Lupe?

MUPPET LUPE
Sí, Guada, y otra cartita que te mandan diciendo

MUPPET GUADA
(Canta.) Por la presente, le requerimos para que en el
plazo de cinco días,
cinco días

MUPPET LUPE
(Cortando a GUADA.*)* Creo que ya lo han entendido, Lupe.

MUPPET GUADA
Cinco días.

MUPPET LUPE
Mmmm… En el momento que la tercera cuota esté
impagada,
el préstamo de la hipoteca entra en…

MUPPET GUADA y MUPPET LUPE
¡¡mora!!

Muppet Lupe
    Y amigos y amigas
    si vuestro préstamo era de cien mil, y tú sólo has dejado a
    deber en la suma de esas tres cuotas nueve céntimos,
    no te entran los nueve céntimos,

Muppet Guada
    ¿Qué me entra, Lupe?

Muppet Lupe
    Te entra todo.

Muppet Guada
    Y ahí, empieza

Muppet Guada y Muppet Lupe
    (Cantan.) El proceso de ejecución hipotecaria.

Muppet Guada
    Y estás jodida, (Ríe.) ¿sabes?

Muppet Lupe
    Has vuelto a decir una palabrota, Guada.

Muppet Guada
    Lo siento, Lupe, pero es así, estás jodida.

Bajarse los pantalones

Aparecen Constructor *y* Antonio.

Constructor
    Oye, ven aquí.

Mira a ver si
ganamos cincuenta metros
en este sitio
y luego cuando pase el Ayuntamiento lo tiramos.

ANTONIO
(A público.) A los constructores
les dices la cantidad de metros que puedes construir
siempre quieren sacar mayor aprovechamiento del que
tiene el edificio.

CONSTRUCTOR
Ostia, eres el arquitecto y tienes el peor coche de toda la
obra

ANTONIO
Yo con mi Citroën de segunda mano voy, estupendamente.

CONSTRUCTOR
lo tienen mejor los obreros que tú
Si quieres podíamos hacer un arreglo…
¿No dices siempre que tienes ganas de conocer Nueva
York?

CONSTRUCTOR
Yo te invito quince días a Nueva York con toda la familia
si tú me certificas quince centímetros más de movimiento
de tierra en toda la urbanización.

ANTONIO
(A público.) Así la gente que compra la casas
le tenían que pagar, le pagaban quince por ciento más
sin habérselo gastado él.

CONSTRUCTOR
¡Y un coche nuevo!

Antonio
¿Un coche nuevo?

Desaparece Constructor. *Se escucha a* El hombre de la NASA.

Antonio
(A público.) Yo tenía entonces veintinueve, treinta años y
era la primera gran obra que había hecho en mi vida
y se lo consulté a mi padre.
Y me dijo: Hijo si te bajas los pantalones la primera vez,
te van a dar por el cuuuuulo
toda tu vida.

Y tenía razón. Yo no me bajé los pantalones en aquel
momento
ni entonces, ni nunca.
Y podía haber ganado millones y millones de pesetas
y no lo hice.

Desaparece Antonio.

I WANT TO BREAK FREE

Aparece M.

M
Yo vine
con la intención de pedir asilo político,
¿vale?

Y evidentemente
al noventa por ciento de las personas se lo niegan

porque a menos que seas un líder
político súper famoso
no te van a aceptar un asilo.
Tuve una entrevista con un policía.

Aparece POLICÍA.

POLICÍA
Buenos días.

M
Buenos días.
Vengo
a pedir asilo político
porque en Venezuela
mi vida corría peligro.

Ehh se vieron unas protestas
muy *(Sorbe.)*
muy fuertes.
Me han amenazado y amenazan a mi padre
por
porque yo fui partícipe de estas protestas.
Yo realicé
diferentes grafitis
en contra
de el régimen de Maduro
que fueron identificados
identificaron a mi padre
y a él le han amenazado, le han amenazado.

POLICÍA
¿Tiene documentos que acrediten lo que dice?

M
(A público.) Yo tenía todo.

Yo tenía todo estudiado planificado las pruebas
absolutamente todo.

No recuerdo por qué
yo le dije que yo tocaba la batería.

Suena I want to break free *de Queen.*

Policía
¡Yo también toco la batería!

El Policía *se pone a tocar la batería.*

¿Cuál es tu grupo favorito?

M
Mi banda como clásica favorita es Nirvana.

Policía
¡La mía también!

M
In bloom.

Policía
Radiohead, Sonic Youth, Green Day...

Aparece Amelia *con un micrófono.*

Amelia
I *want to break free.*
La canción de Queen que más me recuerda a Mari.

M comienza a cantar. Es una canción para la dictadura
venezolana, para todas las dictaduras.

M

Y yo ¿qué?
Estoy aquí contando mi asilo político y termino hablando
de música.
Cuando vienes de Venezuela
la palabra libertad
está muy distorsionada
porque
estás tan acostumbrado
a que no haya libertad
que las pequeñas cosas donde tu tienes libertad
son comoo
como grandes eventos, ¿sabes?
Como poder tomar el café
con azúcar.

> *Van apareciendo el resto de personajes, bailando.*
> *El* POLICÍA *se convierte en* FREDDIE MERCURY *cantando la*
> *canción.*
> *El resto de personajes bailan.*

M

Cosas como salir a la calle,
poder salir a caminar
escuchando música
con cascos,

JULIA

Vivir en libertad,
la libertad es increíble,
es increíble.

M

como tener agua en tu casa, ¿no?

FEDE
Necesitaba
vo-vo-volar y
y a la vez
como tener
más
in-in-independe-de-de-dencia.

DARÍO
Bailar es
un lujo
un lujo
que tenemos todos.

ANTONIO
Hombre, claro
eso es lo importante
que te dejan proyectar como tú quieras.

JOSEPHINE
Para mí la libertad es poder elegir.

Desaparecen todos.

TENGO 12 AÑOS

Aparece DARÍO.

DARÍO
Ese día yo le dije: Eres la peor madre del mundo.
Pues cogió una sartén que estaba haciendo unos huevos
ella

tiró el aceite y me dio con la sartén caliente en todas partes
y luego cogió una escoba y me pegó igual
me hizo tantas heridas en el cuerpo que
me encerró en el cuarto mío y me dijo:
De aquí no salgas.
Porque si me lleva al médico y ven todo eso
¡tela!

Y yo fui al colegio así corriendo y tal y cuando llegué a
la entrada del colegio
pues yo me sentía un poco mareado yyy ya pues
entré a dirección y tal
la gente flipando porque estaba yo sangrando
tenía aquí... o sea no muchas pero las que tenía eran
guays y con la escoba y tal
y cuando ya entré pues me llevaron a la antigua dirección y llamaron al Samur
me, me llevaron al hospital y me hicieron unas radiogra-
fías y tal
y de ahí pues bueno, yo le expliqué en el colegio lo que
había pasado y tal y la denunció el colegio.

(Silencio.)

Tenía casi doce años. Casi doce años.

(Silencio.)

Y ya pues fui a un centro de primera acogida.

El piso 7

Aparecen Fede *y* Julia.

Fede
Unas
patatas
y pollo con champiñon a la
a la
plancha.

Julia
Una, una de sus primas
que es psicóloga,
un día nos llamó.

Prima de Fede
En mi pueblo,
abren un piso tutelado,
un piso donde viven personas con
con un apoyo.

Julia
Muy bien, estupendo.

Prima de Fede
Y Fede me ha dicho que se quiere ir allí.

Julia
Pero, pero
¿qué cosas me dices?
No,
no se puede ir allí
ni conocemos a nadie,

ni /
(*A público.*) Yo me sentía morir,
o sea dije:
qué idiotez,
esta tía está loca,
mucha psicología pero no sabe de qué habla.

FEDE
Pues primero iba
dos
dos dí-dí-días
y a partir de ahí,
ya iba
tres-cuatro
más dí-dí-días,
y ahí
pues un poco
pues pre
pues
preparar la
la co-comida,

SACHA
Ponían lavadoras,
secadoras.

FEDE
ir
a la
com-pra.
(*Sonríe.*)
Me encanta
coo
coo

cinar pa
pa
pa
pa
para los invitados.

SACHA
Pero qué haces tronco, siéntate.

FEDE *se sienta.*

FEDE
Un día
que estaba yo-yo con mis padres
les conté mira
papá, mamá,
me quiero ir de aquí a vivir al piso 7
y mamá me decía:
¿tú estás completamente seguro que te quieres ir?
Que-que-que-que sí mamá.

SACHA
La verdad es que el piso ha sido un aprendizaje
¿verdad?
para todos.

FEDE
Y a veces le decía:
mamá,
yo no estoy completamente seguro
si me quiero ir a vivir allí o no.
Y me decía:
Ya tienes tu plaza allí.
¿Quién ha elegido vivir allí?

Yo,
ma
má.

JULIA
Y ves cómo
cómo va desarrollando capacidades
que nosotros le habíamos negao.
O sea,
terminamos siendo
a veces los padres
piedras en los zapatos de nuestros hijos.

SACHA, FEDE y JULIA *desaparecen.*

EL DERECHO A LA VIVIENDA

Aparece JOSEPHINE.

JOSEPHINE
Yo a los Psicólogos sin Fronteras les dije que es que yo lo sentía mucho
que era afectada y que se acabó *(Ríe.)*
que ya no era psicóloga que era afectada y que estaba fatal
que necesitaba ya ayuda *(Ríe.)*
tal cual literal
dónde voy a ayudar
si la que tengo una mierda encima para qué, soy yo.
Así que nada, yo así con total y empecé a ir a la PAH todos los martes a las asambleas.

Había tanta gente en la asamblea que para coger turno de palabra y poder hablar yo tuve que ir tres, tres semanas seguidas.

Entonces me dijeron bueno pues pon tu cartel
hice un cartel de afectada Sabadell CAM o algo así
y que la gente se vaya juntando.

> *Se pone la camiseta de la PAH que llevará hasta el final.*
> JOSEPHINE *levanta un cartel:*

Todos los españoles tienen derecho
a una vivienda digna y adecuada.
 de la

> *Se mantiene de pie en el centro del escenario todo el tiempo que dura la siguiente escena. Suenan las voces de las personas entrevistadas, también se puede leer por los actores.*

GUADA
Es un lema pues como el que puede hacer otra persona porque queda muy bonito

LUPE
Pero no es la realidad para nada. No es una realidad para nada.

ANTONIO
¿Cuántos habitantes en España tienen una vivienda?
¿Qué número?
¿Qué porcentaje ?

JULIA
La convención de Naciones Unidas
eh

habla
del derecho de todas las personas
a tener una vida digna,
con los apoyos que necesiten,

ANTONIO
¿Hay viviendas sociales?
¿Se hacen viviendas sociales en el país?
No se hacen viviendas sociales
pues desde el año
setenta...

DARÍO
Si le quitas españoles mejor
¿sabes?
en plan de
yo creo que deberían de rectificar y decir:
que todoz las personas que están en este país
se merecen una vivivienda digna.

M
Pero entonces luego,
me pregunto
qué
significa
digno
qué significa un lugar adecuado

FEDE
Yo creo que es
de vivir
digamos
en una cha chabola.
A, a vivir
pues

como
papá.

Que
vive como
un marqués. *(Ríe.)*

ANTONIO
El dinero
se utiliza para otras cosas,
se utiliza para hacer campos de fútbol
para para
hacer campos de golf.

JULIA
Este país
¿cuándo se va a permitir una cosa así?
¿Cuándo va a dar prioridad a ese tipo de historias?
Pero hemos firmao la convención de Naciones Unidas.

ANTONIO
A ver,
y eso lo han hecho
y gobiernos de derechas
y gobiernos de izquierdas
que lo han hecho todos.

M
La verdad es que no sé muy bien qué es el derecho a la
vivienda para mí

Los actores van leyendo lo que el público ha escrito en la
entrada sobre el derecho a la vivienda.
JOSEPHINE *baja el cartel.*

JOSEPHINE
(Suspira.)
Pues el derecho a la vivienda...
eh... para mí
es el derecho base
de otros muchos derechos
que reconoce la Constitución.

Porque sin casa
no hay educación
sin casa
no hay sanidad
sin casa
no hay derechos políticos a votar
¿dónde te empadronas?
¿en una farola?
Es el sustento de muchos derechos.
Y ese derecho
en España
se ha jugao al Monopoly con él
se ha especulao
se ha comprao y se ha vendido
como si estuviésemos comprando churros con chocolate.

Cuando tienes un problema de vivienda
toda la identidad de tu persona se viene abajo
porque cuando no tienes un sitio fijo y seguro al que hay
que ir a dormir y estar
eh
y
sabiendo que va a estar mañana y pasado con perspectiva de futuro de seguridad o sea seguridad
cuando no sabes qué va a pasar
y se te desestructura todo
se te destructura la vida
y y tu propia identidad.

JOSEPHINE *desaparece.*

AIRBNB

Aparece ARNALDO.

ARNALDO
Mira,
yo a veces salgo,
y cuando me preguntan a qué me dedico
(Silencio.)
yo no lo digo,
yo no lo digo porque paso de broncas.

JOSEPHINE
No tenía dinero para pagar
así que
fue cuando ya tomé la decisión un poco de ponerlo en
Airbnb.

JOSEPHINE *le da unas llaves a* ARNALDO.

JOSEPHINE
Arnaldo me representa en la reunión de vecinos.

JOSEPHINE *se va. Aparece el* CORO DE LA REUNIÓN DE VECINOS.

ARNALDO
Buenas tardes, vecinos.

CORO DE VECINOS
Buenas tardes, buenas tardes.

VECINA 1
Buenas tardes. Así que tienes un Airbnb, ¿eh?

ARNALDO
Sí, sí,
alquilamos el piso /

VECINA 1
Pues es que no me parece bien,
pues es que,
pues es que, em…
el otro día hubo una fiesta y había un ruido, que jodo, no
pegamos ojo.

ARNALDO
¿Pero la fiesta era en esta casa?

VECINA 1
No…

VECINO 2
Me parece fatal que compres un apartamento para
alquilarlo.

ARNALDO
Bueno, pero ¿tú dónde vives?

VECINO 2
No, yo vivo de alquiler.

ARNALDO
Tendrás que reconocer que para que tú alquiles
algún propietario tendrá que existir.

VECINO 3
La culpa es vuestra, por Airbnb suben muchísimo los
precios.

VECINO 2
> Mira, por un apartamento eh, normal,
> en alquiler normal,
> eh, se sacan unos
> mil euros,
> y por Airbnb
> se sacan mil ochocientos.

ARNALDO
> *(A público.)* Mentira,
> o sea, mentira.

VECINO 3
> Tú eres un empresario…

ARNALDO
> Yo soy un empresario trabajador,
> soy, soy un empresario individual,
> yo trabajo en mi negocio,
> no soy algo.

VECINA 4
> Porque claro,
> que tú hayas puesto ahora un Airbnb,
> aquí no,
> es imposible,
> no se puede,
> está prohibido,
> está prohibido.

ARNALDO
> No, no,
> yo no lo he puesto ahora,
> llevo un año haciéndolo

VECINA
¡¿Llevas un año haciéndolo?!

ARNALDO
Sí,
y que yo sepa no ha habido ninguna molestia

VECINA 4
Bueno pues ahora que m'e enterado,
¡no se puede!

ARNALDO
(A público.) Era el día de,
de las elecciones municipales,
y les digo:
Mira, es que,
me voy a tener que ir porque quiero votar.

VECINA 2
A ver,
¿y tú por quién vas a votar?

ARNALDO
(Ríe, se lo dice al oído.)

VECINA 2
No puedo creer,
que alguien que gestiona pisos turísticos,
tenga, tenga una visión así,
y vote por, por, por Podemos.

ARNALDO
Pero,
¿por qué no?
(A público.)

Primero,
hay muchas contradicciones en el mundo mundial por
supuesto,
hablando de Podemos luego te voy a contar una también,
suya…

VECINOS
Pues es que ganarás mucho dinero.

ARNALDO
Pues no,
o sea.
(A público.)
Pero, y si lo gano, ¿qué?
y si lo gano, ¿qué?
o sea, ¿no trabajas tú para ganar dinero?

Empiezan a hablar todos a la vez.

CORO DE VECINOS
No es que claro,
esto es especulación.

ARNALDO
Especulas,
es un trabajo de
trescientos sesenta y cinco días.

CORO DE VECINOS
Especulación.

ARNALDO
Veinticuatro horas al día
veinticuatro horas al día.

Coro de vecinos
No, no, no,
esto es especulación

El Coro de vecinos *desaparece.*

Arnaldo
Perdona, pero estaba pensando incluso antes de venir
aquí,
digo:
¿Tú especulas?
(A público.)
O sea,
digamos por ejemplo,
me grabas a mí,
me grabas a mí,
no,
no me vas a pagar nada hoy por la entrevista,
(Entiende que al otro lado le dicen que no.)
Y luego,
luego lo vendes,
haces un espectáculo
sacas un provecho con eso ¿no?
Tú cre,
¿crees que especulas o no?
¿Me puedes decir por qué?
Porque coges lo que yo hago,
y luego espero que le saques algo de beneficio,
no sé qué me, si me llevaré algo o no.
(Ríe.)

Aparece Vecina 4.

Vecina 4
Bueno pues a lo mejor,

a lo mejor,
déjame tu teléfono que hablamos para que ges, para que
me gestiones mi piso.

ARNALDO
(A público.)
Digo,
mira,
ya lo que me faltaba.

LA CRISIS DEL 2008

Aparece ANTONIO *y* EL HOMBRE DE LA NASA, *respirando profundamente.*

ANTONIO
La crisis del 2008 fue
un desastre,
fue... *(Suspira.)*

Yo había estado durante un año
pagando
a las, a las dos personas que tenía en el estudio
porque me dediqué durante
ese año
a dos proyectos
y entonces
pues...
al no pagarmeles me dejaron
en la estacada.

El promotor con el que más he trabajao
pues es el que me dio la puñalada.

Me supuso
pues unas deudas de doscientos mil euros.

Mi vivienda pensaba haberla acabado con el dinero que
me dejaron a deber
Solo pude hacer la estructura.
Silencio.
Y la vivienda ya no se hizo.
Y hoy
si me tocase la lotería
no la haría.

No la haría,
porque
para mí fue una especie de fracaso.

Me he hecho mayor
y ya no tengo ganas de coger un coche
para ir todos los días allí a vivir.

Y

pensé
en su día: bueno, pues mi hija algún día
pues podrá... tal
hacer la vivienda:
pero mi hija, coño, primero se fue a vivir a París, luego se
fue a vivir a Nueva York, y ahora está viviendo en
Madrid y tiene una niña,
la gorda.
Luego no va a volver a vivir a Valladolid
así que
la dejaré en herencia una parcela
con la estructura hecha de una casa patio.

Desaparece ANTONIO.

No te voy a pagar

Aparece Josephine.

Josephine
Yo ya
me quedé en el paro.
(Silencio, traga saliva.)
Y llamé al banco.

No te voy a pagar.

No voy a pagar más
tenemos que llegar a un acuerdo.
Ya está
me quedao en el paro
estoy sola
somos dos titulares
pero estoy yo sola
y esto no puede continuar hasta los setenta y cinco.
Basta ya.

La dación en pago

Suena la música del programa Una más una son dos.
Aparecen Muppet Lupe *y* Muppet Guada

Muppet Guada
En la lección de hoy

Muppet Lupe y Muppet Guada
la dación en pago.

MUPPET LUPE

La dación en pago es cuando se llega a un acuerdo con el banco.
Tú te quedas sin deuda, y el banco se queda con la casa.

MUPPET GUADA

¿Se llegan a acuerdos con el banco, Lupe?

MUPPET LUPE

Sí, Guada.

MUPPET GUADA

Pero el banco tampoco es una ONG, Lupe.

MUPPET LUPE

Exacto, Guada.

MUPPET GUADA

Si le ha dado la dación en pago, es porque sabe

MUPPET LUPE

que mejor coger algo que no coger nada.

MUPPET GUADA

Exacto, Lupe.

MUPPET LUPE

Y para hablar de ello, contamos con nuestra invitada especial ¡¡¡¡Josephine y su amiga Bea de la Pah!!!!

(*Cantan.*) ¡¡Vengo a solicitar la dación en pago por enésima vez!!

Aparecen JOSEPHINE *y* BEA.

JOSEPHINE
(*A público.*) Lección de hoy: Al banco no se va sola.
(*A las* MUPPETS.) Vengo a solicitar una dación en pago.

MUPPET LUPE y MUPPET GUADA
Tú tienes que entender que qué bueno que tú tienes una responsabilidad, ¿sabes?

JOSEPHINE
La responsabilidad será mía, pero cogeme los papeles de la dación en pago.

MUPPETS *miran a otro lado, silban, todo muy absurdo.*

BEA
Que la cojas los papeles de petición de dación en pago.

JOSEPHINE
(*A público.*) Lección 2: No eres una ladrona por no pagar.

MUPPET LUPE y MUPPET GUADA
No es tan fácil.

BEA
Pero tú qué pasa ¿qué vas a heredar del Sabadell?

MUPPET LUPE y MUPPET GUADA
Pues sí, sangre azul me corre por las venas.

JOSEPHINE
(*A* BEA.) ¿Azul del Sabadell? (*Riendo.*)

MUPPET LUPE y MUPPET GUADA
¿Tú sabes la mala vida que me estás dando?

MUPPET LUPE *y* MUPPET GUADA *desaparecen.*

JOSEPHINE
(Explota.) ¿Tú sabes que tienes mucha suerte de tenerme a
mí como afectada?
¿tú sabes
lo que sería ser subdirectora de una sucursal en Carabanchel
en la que
a la la menos afectada tendría tres hijos y estarías dejando en la calle con tres hijos
y sin pan que comer?, ¿tú sabes la suerte que tienes de que
la única historia que te esté dejando sin dormir soy yo?
Yo por ti es que no dormiría vamos, ni una noche, ni dos
horas seguidas
de lo que habéis hecho los bancos y las responsabilidades
que tenéis y de cómo estáis dejando a las familias en la
calle.

BEA *desaparece.*

JOSEPHINE
(A público.) Yo
sé que aquella vez yo la hice llorar sí,
pero es que ella me hizo llorar a mí muchas.

LAS PAREDES SABÍAN DE MÍ

Aparece JULIA.

JULIA
Por un lado hice yo sola el proceso de cierre de la casa de
Arturo Soria
antes de irnos a la finca

que fue quedarme un día yo sola
me abrí una botella de vino
también lo tengo que decir,
y entonces
fui por todas las habitaciones de la casa
dándole las gracias por todo lo que había vivido allí:

Suena We shall over come *de Joan Baez.*

JULIA
Cuando fue una casa de reunión clandestina.

POLANS
Quedabas en un quiosco,
con la revista *Triunfo*,
y allí le dabass la llave a no sé quién,

Aparece CORO DE LA REUNIÓN CLANDESTINA

HOMBRE/MUJER 1
de ORT,

HOMBRE/MUJER 2
del PCE Comunista,

HOMBRE/MUJER 3
de la liga trotskista comunista

POLANS
y allí se reunían gente del comité central,

JULIA
Cuando forramos
de Foam
alrededor de las paredes,

y enmoquetamos,
porque cada caída de Fede era
era brutal.

POLANS

Desde que nos casamos
la gente iba a nuestra casa
pues la gente iba por lo que éramos nosotros

Se miran con amor.

JULIA

porque Fede tenía crisis cada
veinte minutos o por ahí,
de caerse
de caerse hacía delante

POLANS

Y vivíamos con su sueldo

JULIA

y las naves de la guerra de las galaxias
y de pronto Fede se cargaba un muñeco
y Alberto no era capaz de darle una torta a su hermano,
con lo sano que es eso
¿no?
¿te acuerdas, Polans?

POLANS

Bueno,
pero ha aprendido muy bien
en que la, lo justo no es darles a todos por igual,
sino a cada cual según su necesidad.
(Hablan juntos.)

Desaparece Polans. *Está* Julia *en su casa de Arturo Soria,*
y habla al público como si hablara a la casa.

Julia
Gracias
has sido muy importante para mí.
Gracias por Fede y por Alberto
y por Polans.

(Vuelve.)

Me fui llorando,
porque sentía que las paredes sabían de mí
¿no?,
que sabían de, de nosotros.

(Silencio.)

¿Cómo se llama esa planta?
La orquídea,
que es una planta que yo ahora cuido mucho y tal,
de pronto pensé
¿por qué la quiero tanto?
¿Por qué la cuido tanto?
Y es que las raíces son fundamentales en la, en la orquídea,
y yo que he sido muy crítica con mis propias raíces,
que he tenido rupturas brutales,
que he tenido recuperaciones brutales,
de pronto entiendo
que la raíz
es imprescindible
para que la planta nazca
¿no?

MI LUGAR FAVORITO

Aparece ANTONIO.

ANTONIO
Mi lugar favorito en este momento
es el cuarto de mi hija *(Ríe.)*
es el antiguo cuarto de mi hija
por qué
porque allí me he llevado
la mitad de mi estudio.
Me he llevado mis libros.

Tengo mi impresora
tengo mi ordenador
tengo
mis cosas de mi oficina que tenía
que nos las puedo tirar hasta que pasen diez años
por la responsabilidad civil de los edificios.

Además
tengo
una cosa importantísima
¡la cuna de mi nieta!
y parece que la huelo todos los días cuando me meto allí
aunque está llena de trastos
es la cuna de mi nieta
y y y sé
y sé que que
que está allí.

Tu casa son tus cosas

M
Hay una foto en mi casa de Venezuela
que sale ella con mi padre en su luna de miel.
Y llevaba ese jersey
y es un jersey así noventas, superancho
y ese jersey lo tengo
y creo que nunca me voy a deshacer de él.

Cuando tú pides asilo político te da una opción de pedir
también alojamiento
porque la primera documentación que te dan
no te permite trabajar.

Me llamó
una
trabajadora social
que se llama Josephine.

> *Empieza a sonar* Yo no olvido el año viejo *de Mariachi Juvenil.*
> *Aparece* Josephine *bailando con una caja de cartón de un sitio a otro.*

M
Me acuerdo perfectamente de ella
porque
me ayudó muchísimo y la quiero mucho
tengo muchísimo tiempo sin verla pero siempre la
recuerdo la recuerdo muy
con mucho cariño
y nada te
me dijo:

JOSEPHINE
 Te vas mudar a un piso de una habitación
 tú sola
 pero que vas a compartir con una familia.

M
 Y esa fue mi primera, mi primer refugio.

JOSEPHINE
 Pffff una caja de cartón,
 una maleta,
 y los amigos.

 Aparece CORO DE AMIGOS EN MUDANZA *con un montón de cajas.*

JOSEPHINE
 Estuve un año nómada, hasta que me concedieron la dación en pago.

M
 Era una familia
 peruana
 eran tres niños.

JOSEPHINE
 (Ríe.) En casa de Sara y Leonardo estuve un mes o dos en Lavapiés
 yyy
 luego
 mi amiga Lara me dijo «Josph vente con nosotros»
 entonces me fui con ella y con Chevi a Carabanchel.

M
 Mi primera casa.

Eran personas muuuuy
católicos
católicos, no
evangélicos.

JOSEPHINE

La cosa es que ellos ee cuando yo entré a vivir con ellos
de repente al
al mes me dicen que se quieren cambiar de casa
y yo ostia!! *(Ríe.)* digo pero si tenéis bicho dentro digo
¡ostia!
De ahí
(Mira a M *y cambia el tono.)* Te tienes que mudar de nuevo

M

Mi segunda casa.
Ellos eran muy evangélicos también.
Ellos eran de Colombia.

JOSEPHINE

a Tetuán a casa de Mirentxu. Pero de repente Mirentxu
decide que se va a vivir a Chile. *(Ríe.)*
Y me fui a casa de Cristina y Nando en Vallecas.
(Mira a M *y cambia el tono.)* Y tú entras a la segunda fase
que todavía estás como arropado por la ONG pero vives
en el piso que tú quieras
osea tú escoges tu habitación y la ONG te ayuda econó-
micamente para pagar la habitación mientras tú consi-
gues trabajo.

M

Pasé a vivir
ah
con
unos amigos de Venezuela

en
Alcorcón.

JOSEPHINE
a Tetuán a casa de Manu y Kiko
volví a Carabanchel a casa de Paloma y Javier
a casa de Román
y de casa de Román ya me fui

M
con mi mejor amigo y con su hermano

JOSEPHINE
y encontré
mi guardilla.

M
Tu casa
son tus cosas.

JOSEPHINE
Buah, estoy en mi casa!

FEDE QUIERE UNA CASA

Aparece FEDE.

FEDE
Muy
satisfe-fe-fe-fecho
y a la vez
muy
en-en-en-riquecedor.

(Escucha una pregunta.)
¿Por qué?
Pues porque
eh,
de
de pasar a-a-a-a ver algo
que, que está muy mal
a
a una cosa más
más
limpita
pues
hay un
ca-ca-ca-cambio.

Aparecen JULIA *y* SACHA.

JULIA
Cuando nos iban a confinar
Fede dejó el piso 7
y se volvió aquí con nosotros.

SACHA
Un día durante la pandemia se levantó
y dijo:

Aparece FEDE.

FEDE
Yo
quiero
una casa.
Solo
para
mí.

SACHA
Que él quería
habilitar esta casa que está al lado de la de sus padres
para vivir él,
también yo entiendo,
una cuarentena entera,
aunque estés aquí de maravilla,
estar con tus padres,
como todos los hijos.

JULIA
Y bueno,
y ya pues eso
empezó a revolucionarnos a todos.

FEDE
Sí.

SACHA
Cuéntales quién vivía aquí antes.

FEDE
¡Bua!
Pues,
vivía
un,
un
pa-pa-pastor
que tenía
un
un
mo
montón
de pájaros.

JULIA
Fede pintó
todo.

FEDE

Aquí está
la cocinita
que tenía
a-a-aquí el
el
ce-ce-ce-ce-cerdo.

JULIA
Nosotros le hemos ayudau
cambiando las ventanas,
que

SACHA
y, y, y,
y poniendo esto y un termo.

FEDE
Sí.

JULIA
Y luego él ayudó pidiendo
y reciclando
muebles.

SACHA
La gente lo que ven raro es que Fede tiene una casa,
no ven raro que Fede esté sin casa con cuarenta y dos
palos.
Que es como,
¿por qué ves raro que puedan tener una casa

o que puedan vivir con sus colegas,
que puedan compartir un piso?

JULIA

Sacha viene tres días en semana,
pero es probable que Fede necesitara que viniera más
días,
estamos pendientes de que
la, la Comunidad de Madrid
y esta mierda de sociedad que tenemos,
eh, le dé, le conceda la asistencia personal,
que es uno de los derechos
que, que deberían
bueno,
que teóricamente tienen todos.

Aparece DARÍO *con su bolsa de IKEA.*

IKEA

Desaparecen FEDE, SACHA *y* JULIA.
DARÍO *coloca plantas por la estantería de la derecha. Está
subido encima.*

DARÍO

Ser diseñador de interior profesional
de yo tener mi empresa y diseñar casas.
Trabajar en el IKEA que ME ENCANTARÍA
me encanta el IKEA
soy MUY de IKEA
mmm me gustaría en un futuro
crear los montajes que salen en la página web de de
decoración.

Ahora trabajo en una floristería, de ayudante, de apren-
diz de florista *(Señala su bolsa del IKEA llena de plantas.)*
y soy becario en la residencia de menores
que es la residencia donde yo vivía.

Es un recurso que
es muy bueno la verdad para
jóvenes entre entre entre dieciocho y veintitrés años que
necesitan seguir tirando o ahorrando para que cuando te
te independices no no sea tan duro.

No gano nada.
Es la comida y el alojamiento.
Poder seguir aquí.

Aparece JOSEPHINE.

JOSEPHINE
Darío es una excepción
porque cuando llega, se cumplen dieciocho años,
ese día,
eh,
la mayoría de los casos,
pues es la maleta en la puerta,
y te vas ese día.
Claro,
entonces es una fiesta de cumpleaños un poquito,
o sea, a mí me parece muy chunga,
o sea, cumples dieciocho,
eres mayor de edad,
así como todo el resto de la humanidad celebramos que
podemos votar,
que podemos tener carnet de conducir,
ellos

CASA

Van apareciendo M, JOSEPHINE, DARÍO, ANTONIO *y* FEDE *según hablan.*

M

Cuando eres una persona inmigrante
pasa a ser
tus maletas
tus cosas.

JOSEPHINE

La casa somos nosotras, *(Ríe.)*
la casa será
donde yo esté.
La casa soy yo.

M

Tu casa ahora es
TÚ.

ANTONIO

Tu refugio
de alma
donde tú tú te escondes de todo

FEDE *empieza a contar en voz alta, jugando al escondite de espaldas al público: uno, dos, tres, cuatro, cinco, seis...*

ANTONIO

porque ummm...
es tu lugar
donde vives

DARÍO
>   donde te pregunten
>   ¿qué tal?

FEDE
>   ¡Te pillé!

ANTONIO
>   Donde sueñas.

FEDE
>   Donde
>   puedes
>   jjju-ugar
>   al escon-di-di-di-dite
>   también.

DARÍO
>   Que tengas a alguien que te pregunte todos los días

FEDE
>   ¿Qué tal?

DARÍO
>   ¿Qué tal estás?

ANTONIO
>   ¿Qué tal?

DARÍO
>   ¿Qué tal estás?

M
>   ¿Qué tal?

DARÍO
  Un lugar

JOSEPHINE
  ¿Qué tal?

DARÍO
  donde escuchen mis sueños

FEDE
  ¿Qué tal estás?

DARÍO
  o lo mal que estoy.

  Las voces se van sucediendo, amontonando: ¿Qué tal?
  ¿Qué tal estás? ¿Qué tal?

JOSEPHINE
  Que te acaricien el pelo. *(Ríe.)*

DARÍO
  Donde decir:

JOSEPHINE
  todos los días *(Ríe.)*

DARÍO
  que no sé cómo… e… afrontar esto.

M
  Donde reírte por las historias que cuenten

ANTONIO
  Estoy aquí.

M
y entenderlas todas.

FEDE
Donde com-compartes
penas,

JOSEPHINE
Estoy aquí.

FEDE
a-a-le-grías,

DARÍO
donde me eduquen y me cuiden.

M
Existo.

¿Qué tal?
¿Qué tal estás?
¿Qué tal?

ANTONIO
Existo dentro deee esteee mundo.

¿Qué tal?
¿Qué tal estás?
¿Qué tal?
¿Qué tal?
¿Qué tal estás?
¿Qué tal?

Silencio.

DARÍO
Existo dentro de este mundo de chavales.

E. T. EL EXTRATERRESTRE

Aparece ANTONIO. *Se escuchan pitidos, respiraciones, es el momento en el que E. T. Muere.*

ANTONIO
A mí me hubiese gustado ser
director de cine.

Aparece CORO DEL SET DE CINE, *convirtiendo el espacio en un set de rodaje.*

ANTONIO
Pero mi padre no me dejó.
Porque decía que aquello era una profesión de crápulas,
de vividores y de
maricones
no le gustaba el mundo...
A mi padre
le gustaba mucho el cine, pero ese mundo no lo veía él
para mí,
entonces
mi segunda opción era ser arquitecto *(Ríe.)*
y soy arquitecto.

Aparecen M, JOSEPHINE, DARÍO, *y* FEDE. ANTONIO *sigue allí. Se sientan, por primera vez todos juntos.*

JOSEPHINE
E. T. va de
una película
de un extraterrestre

M
  Vamos a ver, E.T. es un bicharraco ahí…

ANTONIO
  que le dejan
  olvidao
  en la tierra

M
  y lo encuentra...
  Elliot

FEDE
  Mi casa,

ANTONIO
  y se le llevan a su casa.

JOSEPHINE
  Elliot lo tiene que esconder

FEDE
  Teléfono,

M
  ayudarle
  a volver atrás
  a que vuelva
  de donde vino.

ANTONIO
  y para E. T.
  la casa es..
  su casa es… no es esa
  es su nave espacial.

JOSEPHINE
O sea ¿somos extraterrestres en nuestro propio planeta?
¿Estamos pidiendo la luna?
Eh… cuando eh… queremos simplemente una casa en la
que vivir tranquilos y llevar una vida pues, ¿apacible?
¿Soy yo la que soy extraterrestre?

DARÍO
No me acuerdo
de hecho no he visto la peli, creo.

TODOS *piensan una pregunta que les acaban de hacer.*

ANTONIO
La de las bicicletas
de los niños.
(Silencio.)
Era hacer todo lo imposible para llegar a tu casa.

EL CAMINO DE REGRESO

Aparece el CORO DE LOS NIÑOS DE E. T.
Aparece HIJA *pedaleando, lo interpreta la actriz que hace de*
JOSEPHINE, *con una sudadera roja con capucha, como Elliot.*
Mientras habla tiene prisa, mira atrás, controla el espacio:
sabe que los persiguen.
Es como la primera escena muy cinematográfico.
Suena Tempelhof *de Yann Tiersen.*

HIJA
Hola, papá.

ANTONIO
Pero ¿tú qué haces aquí?

HIJA
En esta escena hago de tu hija.

ANTONIO
¿Y qué pinta mi hija en todo esto?

HIJA
Tu hija es la que ha escrito esta obra.

ANTONIO
¡Acabáramos! Pues si en esta escena haces de mi hija, ya puedes tener cuidado con la bicicleta... porque mi hija es un sosón...

HIJA
Anda, no te sorprende estar en una obra de teatro, pero sí que monte en bicicleta.

ANTONIO
Es que, rubia, yo ya hago bicicleta estática todos los días, pero que tú ahora seas Induráin...

HIJA
Induráin no soy papá, soy Elliot. Y tú eres E. T.

ANTONIO
¡Venga no jodas voy a ser yo ese bicho tan feo!

HIJA
Pero si te encanta la película.

ANTONIO
Una cosa es que me encante y otra que en tu obra me convierta en un extraterrestre. Yo soy tu padre, cojona, un poco de respeto.

HIJA
Bueno, ya estamos.

ANTONIO
Además… Yo quiero ser el niño de…
yo quiero ser el niño
el que ayuda a E. T.
Te lo dije en la entrevista.

HIJA
Elliot, pa.

ANTONIO
Elli como se diga…

HIJA
Ya pero es que tú eres E.T.…

ANTONIO
Mi casa es otro sitio
mi casa es la casa de la tierra,
por eso quiero ser el niño que ayuda a E. T. a irse a su casa.

HIJA
Vámonos a tu casa, papá.

ANTONIO
Pero si ahora con el Covid no puedo ir ni a ver a la gorda…

HIJA
Esto es teatro, podemos ir donde nos dé la gana.

ANTONIO
A ver si esto del teatro tuyo por fin, va a servir para algo…

Hija

¿Te acuerdas cuando era pequeña y nos tumbábamos en la cama a imaginar una casa con patio donde viviríamos?

Antonio

(Enfadado porque recuerda y preferiría no.) Sí.

Hija

(Hace como que no le ha oído.) Venga, papá, vámonos a casa. *(Cierra los ojos.)* ¡Agárrate fuerte!

Se va construyendo por el resto de personajes todo lo que dice Antonio *en el escenario, como si fuera el bosque que van dejando atrás. Las bicicletas empiezan a volar...*

Antonio

Hay un ciprés
como en la novela de Delibes.

Hija

Y qué más.

Antonio

¿Que qué querrás?

Hija

Ni en la ficción dejas de ser sordo...

Antonio

No soy sordo, oigo mal.

Hija

Vaaale…

Antonio

Tiene varios

un castaño también
hemos plantao
un limonero
pues por, por, por Machado
porque lo de la poesía de Machado: mi infancia son
recuerdos de un patio de Sevilla
y un huerto.

HIJA

Sigue, papá, sigue.

Pedalean cada vez más fuerte.

ANTONIO

No, el limonero lo meto fuera.

HIJA

¡Dale!

ANTONIO

Y el ciprés en el patio.
La gorda
tiene una parcela
la hubiese puesto en el patio.

HIJA

(Le corrige.) La pones en el patio.

ANTONIO

La pongo en el patio...
con una zona pavimentada
la he puesto un columpio
y fuera
le he hecho una piscina, pequeñita, nada, de tres metros
de ancha

por todo lo que tenía en frente, la, la... por quince metros
de larga
y se está bañando en verano
y estamos allí
como Dios.

HIJA
Sí, papá, sí.

ANTONIO
Estamos todos como Dios, en verano.
Como Dios...

HIJA *va desapareciendo.*

ANTONIO
(A público.) Y al final
eh
E. T. se va a su casa
que es lo que tenemos que hacer todos
irnos a nuestra casa.

*Cuando acaba se proyecta como en una película antigua, de
las de Frank Capra.*

THE END.

@edantigona

 @edicionesantigona

 @edantigona

EDICIONES ANTÍGONA